그 섬에서 일박이일

시와 그림과 산문

그 섬에서 일박이일
아내는 그림 그리고
남편은 시를 쓰고

황경숙 홍찬선 지음

인문학사

저자의 말

섬도 함께 갑니다.
삶의 그림이 그림의 삶이 됩니다. 어린 시절 그림의 기억이
어떤 '그림의 축'이 되는 이야기를 끄집어내 봅니다.
첫 기억은 4살 때 그림책입니다. 범과 사자가 으르렁거리며
싸우는 장면입니다. 범과 사자를 본 적이 없던 어린아이
눈에 사실처럼 으르렁거리며 싸우는 몸짓과 소리가
생생하게 들리던 기억, 공감각적 체험입니다.
둘째 기억은 초등학교에 입학한 1학년 때입니다.
오돌거리는 추위와 더불어 교실 안에 빨갛게 타오르던 석탄난로를
고정시키는 철사 줄이 사방으로 뻗어 있고 불조심을
나타내는 그림이 달려 있습니다. 그것은 내가 그린 빨간색
소방차인데, 엄청 선명하고 큼지막하게 '절대위험'을 상징하는
위엄을 내뿜고 있습니다. 강렬한 컬러의 힘입니다.
셋째 기억은 초등학교 3학년 가을 사생대회에 나가서
상을 탔을 때입니다. 선생님이 상장과 상품을 주면서
"산의 색깔이 오색으로 빛나고 있네. 산색이 굉장히 멋지다"고
칭찬해 주셨습니다. '다름'의 기쁨을 느꼈던 체험입니다. 그 뒤
사생대회에 나가면 상상으로 주제를 그리고 색칠에 신경 쓴

게 각인됩니다. 많지 않은 크레파스의 색으로 가져보지 못한 결핍감을 다양한 색의 혼합으로 충만하게 표현하려 했던 것 같습니다.

  넷째 기억은 중학교 1학년 때입니다. 미술 선생님이 동양화를 전공하신 분이셨는데 수채화를 그릴 때 물 조절을 잘한다고 칭찬하셨습니다. 미술반원으로 활동하며 수묵농담水墨濃淡으로 바위와 난초를 그렸고, 액자로 꾸며 교내전시도 했던 성장기 기억입니다.

  그 뒤 40대 막바지 갱년기인 줄 모르고 시작된 깊은 침묵에서 연필로 끄적이다 나타난 흑백의 스펙트럼이 수묵의 빛처럼 일렁이며 진지하게 그림을 해보자고 실행으로 이어졌습니다.

  달마대사의 피육골수皮肉骨髓가 떠오릅니다. 〈경덕전등록(송대, 1004년 제작)〉에 전하는 말입니다. 이번 책『그 섬에서 일박이일』과 9월4일부터 10일까지 열리는 7번째 개인전이 나의 그림 세계에서 나는 무엇을 얻고 있나, 되짚어보는 전시가 될 것이라 기대합니다.

황경숙

저자의 말

섬은 깊은 이야기를 잔뜩 품은 무릉도원이었습니다.
가는 곳마다 눈이 휘둥그레지며 아름다운 경치와 가슴을
뛰게 하는 사연을 만났습니다. 어서 와서 마음껏 보고 듣고
즐기라며, 아무것도 가리지 않고 모든 것을 드러냈습니다.
섬을 찾아가는 것이 설렘이었고 설렘은 늘 즐거움이 되었습니다.

섬은 그동안 그리움이었습니다.
만나고 싶어도 만날 수 없는 그런 그리움이 아니라, 가고
싶어도 가기 힘든 그런 그리움이었습니다. 토끼띠라 그런지 물이
무서웠고, 큰딸이 어렸을 때 경포대해수욕장에서 허우적거린
기억 때문에 배 타는 게 두려웠습니다. 하지만 그리움을
그리움만으로 남겨둘 수 없다는 듯 문득 섬이 다가왔습니다.

섬은 생명이고 새 세계의 스승이었습니다.
두려움을 견디며 찾아간 추자도 굴업도 홍도 대마도에서
생명을 보았습니다. 거친 자연을 탓하지 않고 주어진 몫을
다하는 풀과 나무와 꽃과 사람의 굳센 생명이었습니다.
욕지도 장봉도 청산도 외연도에서 멋지게 펼쳐진 새 세계를
맞았습니다. 누가 뭐라고 하든 상관하지 않고 자신만의 삶을

살아가며 자신만의 세계를 만들어가는 존재들이었습니다.
강화도 독도 백령도 이어도 녹둔도는 스승이었습니다. 곳곳에
남겨놓은 그분의 뜻을 알려주는 참된 선각자였습니다.

 그런 섬을 찾은 것은 행복이었습니다. 스스로 그은 한계를
벗어났습니다. "길을 가다가 힘에 부치면 그만두면 된다.
처음부터 되네 안되네를 따지지 말라"는 공자의 말이 맞았습니다.
한 번 섬에 발을 디디자 섬에 대한 두려움이 가셨습니다.
바람이 거세고 안개가 짙으면 다음으로 미뤘습니다. 그렇게
길이 열렸고 그 길을 따라가 새로운 세계를 만났습니다.
 한돌(환갑還甲)을 지나 제2인생을 찾는 섬 여행은 다달이
활력소였습니다. 2023년 11월부터 찾은 9개 섬의 이야기를
소개합니다. 9월4일부터 10일까지, 인사동 조형갤러리1관에서 열리는
'그림과 시가 있는 특별한 전시회'와 함께 하기 위해서입니다.
 섬의 부자, 대한민국은 아직도 가야 할 섬이 수두룩합니다.
그 섬을 찾는 시인과 화가의 여행은 계속 이어집니다. 독자
여러분들도 섬에서 생명을 찾는 여행을 함께 하시면 좋겠습니다.

홍찬선

contents

지은이의 말 황경숙, 홍찬선 ──── 4
서시 생명 섬 ──── 12

1. 추자도에서 바람을 품었다 · 14

나바론 하늘길 ──── 18
추자도에서 만난 사람 ──── 22
추자도 신양상회 ──── 25
추자도 다무래미 ──── 29

2. 김성우의 욕지도에서 나를 찾다 · 30

나를 찾는 비렁길 ──── 34
자부마을 ──── 37
고메원도넛 ──── 39
삼여도의 삼여 ──── 43

3. 장봉도, 모도, 시도, 신도를 하루에 품는 여행 · 44

장봉도 공룡동굴 ──── 48
모시섬 해송숲길에서 봄을 맞다 ──── 53
신도 수변공원의 해넘이와 보름달맞이 ──── 56
삼목선착장 해돋이 ──── 57

4. 달래와 해무와 고래조지의 섬 외연도 · 60

명금 돌삭금 누적금 ―― 64
상록수림과 상록수림맛집 ―― 68
외연도 고래조지 ―― 69

5. 동남풍 봄바람이 참성단으로 불었다 · 72

참성단에서 하늘을 보았다 ―― 76
함허동천 바람길 ―― 78
교동도 화개산에서 ―― 84

6. 청산도, 비와 함께 느릿느릿 가슴으로 걸었다 · 86

청산도는 걷기다 ―― 89
청산도 서편제길 ―― 90
구들장논의 희망 봄빛 ―― 97

7. 한국의 갈라파고스 굴업도에서 코끼리를 만나다 · 100

굴업도 주인은 쓰러져도 죽지 않는다 ―― 104
굴업도 꽃사슴 ―― 107
굴업도 느다시뿌리 ―― 111
굴업도 선단여 ―― 111

8. 쪽빛 바다와 기암괴석 10경, 홍도의 매력에 반했다 · 114

쪽빛 홍도 바다를 보며 ——— 118
홍도 깃대봉에 올라 ——— 121
홍도제1경 남문바위 ——— 124
홍도원추리의 기다리는 마음 ——— 125

9. 자연과 역사가 어우러진 애증의 섬 대마도 · 128

히타카쓰의 토끼 ——— 132
선조의 손녀가 잠든 대마도 ——— 136
미우다 해변에서 ——— 142
마법에 걸린 삼나무 숲 ——— 143

painting contents

- 17 추자도 나바론 하늘길
- 27 추자도 다무래미
- 33 욕지도 비렁길
- 33 욕지도 고구마 황토밭
- 42 욕지도 삼여
- 49 장봉도 해식동굴
- 49 장봉도 건어장해변
- 54 신도항 월출
- 59 삼목항 일출
- 62 외연도 큰명금
- 67 외연도 상록수림천년동백
- 70 외연도 고래조지
- 74 강화도 마니산참성단
- 80 강화도 마니산함허동천
- 83 강화도 사기리 탱자나무꽃
- 85 석모도 해명산 미소바위
- 88 청산도 하트개매기
- 92 청산도 서편제길
- 95 청산도 목섬(새목아지)
- 96 청산도 희망의 봄빛
- 103 연평산에서 본 굴업도
- 109 굴업도 코끼리
- 113 굴업도 선단여
- 115 홍도의 저녁
- 120 홍도의 아름다운 등대
- 127 홍도의 남문바위
- 127 홍도의 원추리군락
- 131 대마도 수변건물의 반영
- 135 대마도 조선왕녀의 묘
- 138 대마도 미우다해변 개장날
- 138 대마도 바람의 언덕에 웃음소리가 날리다
- 141 대마도 미우다해변의 코끼리바위

서시

생명 섬

홍찬선

섬이 가까워옵니다
배를 타야만 갈 수 있었기에
토끼라서 물이 무서웠기에
멀게만 느껴지고 늘 멀리 있던
섬이 날마다 다달이 가까워집니다

섬은 새 생명입니다
추자도 신양상회에 느림의 미소가 흐르고
굴업도 목너미해변에 코끼리가 꽃사슴과 사귀며
홍도 깃대봉에 원추리가 쪽빛바닷바람으로 자라고
대마도 우나쓰라女連에 선조의 손녀가 한恨 삶을 삽니다

섬은 새 세계입니다
욕지도에서 김성우 명예시인의 섬 중심세계를 배우고
장봉도에서 수억 년 동안 거품눈을 즐기는 공룡을 찾아내며
청산도 서편제 길에서 노란 평지의 사랑을 맞이하고
외연도 상록수림에서 달래의 향긋한 봄내음과 마주합니다

섬은 새 관계입니다
강화도 참성단에서 그 님의 뜻을 되새기고
독도 백령도 이어도 녹둔도에서 그 님을 만납니다
토끼지만 물을 무서워하지 않고
다달이 배를 타고 가까워지는 섬의 생명을 배웁니다

1
추자도에서 바람을 품었다

추자도의 미닫이문과 걷기

  진도항에서 쾌속선 산타모니카 호를 타고 1시간 만에 도착한 추자도에서 가장 먼저 만난 것은 미닫이문이었다. 화장실도, 식당 오동여도, 후포 갤러리도, 관광안내센터도 문이 모두 미닫이였다. 갸우뚱은 곧 풀렸다. 추자도는 바람이 거셌다. 진도항에서 맹골수로를 바라보며 맞은 바람보다 훨씬 센 바람이 휘몰아쳤다. 여닫이문으로는 그 바람을 감당하기 힘들었다. 미닫이가 자연 스럽게 정착됐다.
  추자도는 걷기다. 관광안내지도에 '제주올레18-1길'과 18-2길이 먼저 반겼다. 추자도의 행정 구역이 제주특별자치도 제주시 추자면이라서 이곳의 걷는 길은 제주올레길이 되었다. 진양조로 느긋하게 걸으면서 바람을 맞고, 바다와 사람 내음 듬뿍 품은 바람을 맞으며 추자도를 가슴에 담았다.
  발걸음은 자연스럽게 나바론하늘길로 향했다. 시작은 후포 용둠벙. 밀물 때 들어온 바닷물이 썰물 때 빠지면서 커다란

〈황경숙 취재메모〉
물로 둘러싸인 땅. 섬은 걸어서 못 가고 비행기 타고도 가지 못한다. 오로지 배로만 갈 수 있다. 우리나라엔 섬이 3358개(해양수산부 기준)로, 인도네시아 필리핀 일본에 이어 4번째로 많다. 섬 부자다. 이 가운데 사람이 사는 섬은 482개, 무인도는 2876개다. 눈으로 볼 수 있는 하늘의 별보다 많은 섬은, 아직 '가까이하기엔 너무 먼 당신'이다. 섬 기행을 시작한다고 생각하고 제일 먼저 떠오른 섬이 바로 추자도였다. 진도와 제주도 중간쯤에 있고 가래나무가 많아서 추자도란 이름을 얻은 섬. 오로지 배로만 오갈 수 있는 섬. 가깝고도 먼 곳이라서 늘 마음에만 있던 섬이었다.

웅덩이로 남은 곳을, 용이 놀다가 승천한 곳이라는 전설로 빚은 용둠벙이다. 용둠벙전망대에 올라 깎아지른 나바론하늘길의 바위 절벽을 오롯이 볼 수 있었다. 가만히 서 있어도 다리가 후들거릴 정도인데 바람까지 거세니 눈앞이 더 아찔했다. 그 아래 절벽 중간에서 부부가 낚시하고 있는 모습이 아슬아슬했다.
"무슨 물고기 잡아요?"
"걸리는 대로 잡는데, 오늘은 감성돔 한 놈 올라오면 좋겠네요."
"추자도에 사세요?"

"아닙니다. 낚시하러 진도에서 왔습니다."
"많이 잡으셨나요?"
"조금 전에 큰 거 한 마리 낚았습니다."
"무슨 고기예요?"
"히라시라고 합니다."
히라시는 방어와 비슷하지만 생김새와 맛이 약간 다르단다.
"축하합니다. 많이 잡으세요!"
그 낚시 부부 옆에는 남녀 한 쌍과 남자 한 명도 낚시하고 있었다. 추자도에 오는 사람은 낚시 올레길 걷기 천주교 순례자라고 하는 것처럼, 낚시하는 사람이 역시 많았다. 바람이 거세고 파도가 높은 데도 아랑곳하지 않고 낚시에 열중이었다.

낚시꾼들과 헤어져 본격적으로 추자도의 백미, 나바론하늘길을 올랐다. 오른쪽으로는 깎아지른 절벽 아래로 진도로 이어지는 바다 위에 바람이 거셌다. 왼쪽으로는 '나바론요새' 덕분으로 바람도 잔잔하고 햇볕도 잘 드는 추자항을 바라보는 아슬아슬한 하늘길이 2km가량 이어졌다.

추자도는 멍이다. 나바론하늘길 중간쯤 조금 평평한 곳에 마련된 의자에 앉았다. 가파른 하늘길을 두 다리와 두 눈과 두 귀와 한 입이 후들거림과 탄성으로 오르내리느라 쉬지 못한 다리를 달래고 가쁜 숨도 다독거렸다. 하염없이 바다를 바라보며 '바멍'에 빠졌다. 나도 잊고 하늘길도 잊고 바다도 잊었다. 문득 짙은 구름을 뚫고 빛내림이 바다로 쏟아졌다. 바다에 모세의

황경숙, 〈추자도 나바론 하늘길〉, 캔버스에 유채, 45.5×37.9cm, 2023

기적이 일어나듯, 구름이 양옆으로 쪼개지며 숨어 있던 햇살이 반짝거리는 윤슬을 피워 올렸다. 바멍은 곧 '윤멍'이 되었다. 함께 걷던 황경숙 작가도 말을 잊었다. 절벽의 깊이와 넓이를 재려는 듯, 사진을 여러 각도에서 찍고 손가락으로 화폭을 그려보는 작품 구상 삼매경에 빠졌다. 아무런 생각 없이 바라보고만 있으니 시간이 멋대로 흘렀다.

나바론 하늘길
홍찬선

후포 용둠벙전망대에서 영흥리 벽화마을까지 이어지는 하늘길이다
귀찮고 게으른 사람과 겁 많고 다리 힘 약한 사람과 바빠서 죽을 시간도 없다며 이 핑계 저 핑계 대는 사람은 짜릿하고 상쾌하고 속이 확 풀리는 이 맛을 상상도 할 수 없는 하늘길이다
나바론요새처럼 깎아지른 벼랑으로 이어지는 하늘길에 발을 들여놓는 바로 그 순간부터
눈은 가장 크게 떠지고 입은 저절로 벌어진다, 다리는 민망 스럽게 후들거리고…
보이는 것은 끊임없이 부서지는 파도와
들리는 것은 물결 너머에 물결 너머에 섬 너머에 섬이 애

기하는 그 분의 신품神品 조각과 느끼는 것은
　사진에 없는 바람과 바람 타고 오는 바람길 이다

　말머리바위와 거북바위와 코끼리바위가 혁혁대는 다리
를 위로하고
　하늘길을 연 큰산이 거센 바람과 파도를 막아 주는
　추자면 대서大西리와 영흥永興리 사람들에게 추자항을
허용해 오밀조밀 살도록 한 살림길이다

　한 번 걷는 것으로는 참맛이 아쉬워
　영흥리 벽화마을에서 박처사각과 산신당을 거쳐 후포
까지
　눈과 귀와 가슴과 다리에
　이름은 헛되이 전하지 않는다는 명불허전을 다시 새기는
　나발론 하늘길이다

꼬르륵, 꼬르륵 소리에 정신이 돌아왔다. 시계바늘은 오후 2시가 넘어가고 있었다. 진도 해오름 팬션에서 새벽 5시 반에 전복죽으로 아침을 먹고, 배를 1시간 탄 뒤 5시간 이상 걸었으니 민생고 해결이 급선무로 다가왔다.
"추자도에서 횟집은 오동여와 제일식당뿐입니다."
관광안내센터 안내원의 말을 생각하며 발걸음을 재촉해, 오동여 미닫이문을 밀었다. 점심때가 지나서일까, 손님이 우리

둘만이다. 방어철이라고 해서 빙이회를 시켰다. 회가 나오는 동안 주인아저씨에게 말을 건넸다.

"추자도에 횟집이 여기와 옆의 제일식당뿐이라고 하던데요, 왜 그런가요?"

"물고기를 양식이 아니라 자연산만 잡는데, 자유롭게 살던 애들이라 수족관에 넣으면 1주일 또는 열흘을 버티지 못하고 죽어요. 굴비축제가 열리는 9, 10월을 빼곤 손님이 적으니 횟집을 유지하기 어려운 탓이지요."

"항구에 유람선이 있던데 운항하나요?"

"그냥 정박돼 있습니다. 추자도를 찾는 사람들은 낚시와 순례, 올레길걷기가 목적이고 순수한 관광은 거의 없어요. 관광객이 많을 것으로 예상해 유람선을 샀는데, 계산 착오가 있었던 거지요…"

"아, 그런데요, 추자도라는 이름이 왜 생겼을까요?"

"내가 어렸을 때인 1960년대 중반까지만 해도 추자나무가 많아서 그랬을 거예요. 새마을운동 하면서 추자나무를 베어내고 소나무 등 다른 나무를 심어 지금은 추자나무가 거의 없지요…"

입에 달라붙는 방어회와 막걸리를 뒤로하니, 쓸쓸한 오동여 주인의 말이 귓전에 맴돌았다. 이제부터는 하추자도로 향했다. 묵리언덕길과 대왕산전망대와 석두청산과 장작평사를 거쳐 숙소인 갤러리맨션까지 이어지는 14km쯤 되는 길이다.

묵리언덕길에서는 수영여와 섬생이가 손에 잡힐 듯 가까웠다. 밖미역섬 너머로는 관탈冠脫섬이 까마득히 보였다. 관탈섬은 제주도로 귀양 가던 사람이 관(冠)을 벗고 서울을 향해 마지막 절을 한 뒤 제주도로 들어갔다고 해서 붙은 이름이다. 고개를 다 내려가면 묵리항에 융복합시험파력발전소가 있다. 거세게 몰아치는 파도의 힘(파력波力)으로 전기를 만들어내는 것을 연구하는 곳이다. 조력潮力 풍력風力 지열地熱 태양열에 이은 친환경 파력에너지를 만들어 낼 날이 기다려진다.

대왕산大王山(155m) 아래 바닷가에도 용둠벙이 있다. 용둠벙에서 좀 떨어진 벼랑에 지름 2.5m, 길이 20m 정도의 굴이 있다. 이 굴에 살던 이무기가 둠벙에서 목욕하고 굴에서 수도한 뒤 승천했다는 전설이 전해진다. 대왕산 정상 전망대에 북이 달려 있었다. 날씨가 흐려 한라산이 보이지 않지만, 날이 좋으면 손에 잡힐 듯 보인다고 하니 날이 개기를 바라며 북을 둥둥둥 울렸다. 신양항으로 내려와 구멍가게에 들르니 중년 남자가 말을 걸었다.
"추자도는 오기 쉽지 않은 곳인데… 어떻게 오셨어요?"
"이번에 못 오면 평생 오지 못할 것 같아서요…."
하추자도 신양항에서 어머니의 구멍가게를 돕는다는 갑씨는 냉장고에서 순희막걸리를 꺼내들자 제주생막걸리를 권하며 "좋은 추억 많이 만들고 돌아가라"고 했다

추자도에서 만난 사람

홍찬선

추자도는 오기 쉽지 않은 곳인데…
어떻게 오셨어요?
하추자도 신양항에서 어머니의 구멍가게를 돕는다는 갑씨는
냉장고에서 순희막걸리를 꺼내들자 제주생막걸리를 권하며 물었다
낚시하러 왔느냐, 성지순례냐는 물음에
이번에 못 오면 평생 오지 못할 것 같아서…라고 얼버무리자
의아한 미소를 지으며 좋은 추억 많이 만들고 돌아가라고 했다

내가 국민학교 다닐 때 추자도엔 사람이 많았는데
군부대와 유자망 어선이 제주도로 떠나고
육지로 나간 젊은이는 돌아오지 않는 지금은 많이 줄었어요
'주의보' 뜨는 날엔 배가 오가지 않아 손님도 없지요…
자연산 물고기는 1주일도 안 돼 죽기 때문에 상추자도에 횟집이 없고요
유람선도 성지순례와 관광을 분간하지 못해 띄우지

못하네요….
1955년생 횟집 사장님 을씨의 말엔 물기가 서려 있었다

수령섬 검등여 횡간도…라고
바람이 허락하는 섬 추자도를 소개하는 지도를 보면
섬 여 도가 나오는데 어떻게 다른 건가요?
추자도여행자센터에서 추자도에서 나고 자란 병씨에게 물으니
잘 모르겠다고 미안한 미소로 대답했다
괜찮다고 하며 추자도는 언제 오는 게 좋으냐고 하니
가을이라고 해서, 단풍이 곱냐고 했더니 파란 하늘이
환상이고 굴비축제가 열린다고 했다

추자도 빛내림과 모세의 기적

창문을 두드리는 빗방울과 바람 소리에 잠을 깼다. 추자도에서 가장 높은 돈대산墩臺山(164m)에서 해돋이를 보려던 우두일출의 꿈이 사라졌다. 하늘이 하는 일을 사람이 어쩔 수 없었다. 핑계 김에 늦잠을 자고 빗방울이 잦아들어 돈대산에 올랐다. 한라산이 보이는 대신 동쪽 하늘에서 제주도 앞바다로 빛이 내렸다. 눈부신 빛내림이었다. 해돋이는 다음에 와서 보고 빛내림으로 아쉬움을 달래라는 그분의 뜻이었다.
돈대산을 내려와 추석산秋夕山(155.7m) 정상까지 이어지는

소원의 길을 걸었다. 신양리와 예초리 사람들이 한가위 보름달을 보면서 소원을 빌었다고 해서 '소원의 길'이라고 한다. 조금 오르다 왼쪽에 일제가 바위를 뚫고 판 'ㄷ(말발굽) 모양'의 동굴이 가슴을 찔렀다. 길이 22.1m 높이 2.1~2.6m이며 출입구는 2개다. 이 동굴은 예초리와 신대해변에 있는 동굴과 함께 일제가 본토 사수를 위해 옥쇄하려고 만든 것이다.

소원의 길은 황경한의 묘를 지나 신대산전망대로 이어진다. 신대산전망대 앞 바위 절벽에 '눈물의 십자가'가 서 있다. 황경한은 1801년 신유박해 때 순교한 황사영의 부인 정난주가 제주도 관노로 유배 갈 때 호송인들 몰래 예초리에 내려놓은 아들이다. '눈물의 십자가'는 정난주의 눈물이 십자가에 맺혀 하늘로 오르는 모습을 표현한 조형물이다. 가로 3m, 높이 5.5m로 황경한 묘에서 잘 보였다. 황경한 묘에서 눈물의 십자가까지가 천주교에서 인정한 111번째 순교길이다.

4시간 정도 걸으니 슬슬 배가 고파졌다. 어제 저녁때 가지 못한 신양상회에 들렀다. 신양상회는 하추자도 신양항에서 4대째 100년 넘게 장사하고 있는 구멍가게다. 겉모습과 내부가 한 폭의 영화세트장 같았다. 컵라면을 시키자 주인 할아버지가 방으로 들어와서 먹고 가란다. 막걸리를 추가하니 침이 사르르 도는 김치를 꺼냈다.

"섬이라서 배추와 양념 등이 귀해서 '금치'야, 신양상회에서 금치 먹었다고 소문내면 안 돼."

"금치 정말 맛있네요. 직접 담그신 건가요?"

"아니야. 요 옆 동네 예초리에 사는 누나가 담가준 거여."
"4대째 100년 넘은 가게라고 유명해서 왔는데, 할머니는 안 계시네요?"
"할머니는 돌아가시고 내가 이어받았지."
"그럼 대가 끊긴 건가요?"
"그건 아니고, 할머니가 누나의 시누이여서 내가 인수혔어."
 구수한 전라도 사투리와 충청도 사투리가 섞이니 지나간 삶이 술술 풀렸다. 신양상회에 들어오기 전까지 진양조로 흐르던 시간이 갑자기 휘몰이로 후다닥 지나갔다. 5시45분 진도행 배를 타려면 몸을 일으켜야 했다.

추자도 신양상회
홍찬선

추자도에 가면
하추자도 신양항에 있는
신양상회에 가 보세요
팔십이 넘은 어르신께서
끓여주는 컵라면에 김치를 곁들여
막걸리 한 잔 나누면
지나간 삶이 술술 풀리고
진양조로 흐르던 시간이

휘몰이로 후다닥 흘러갑니다

비가 와서 보지 못한 우두일출과
구름으로 날려버린 직구일몰과
빛내림으로 대신한 한라산 조망의
아쉬움이 봄날 눈 녹듯 사르르 사라집니다

100년 넘게 4대가 이어온
신양상회의 시간이 껑충 뛰어 21세기 향기로 피어 납니다

컵라면과 막걸리와 할아버지 이야기로 느긋해진 마음으로 신양항 동방파제의 '마법의 길'을 걸었다. 바다왕자가 요정의 마법에 걸려 추자도 앞바다에 바위섬으로 굳어졌고, 마을 사람들은 이 바위섬을 사자섬이라고 불렀다. 사자섬 너머로는 한라산이 희미하게 보였다. 맑은 날씨에는 눈앞에 있는 것처럼 선명하게 보인다는데, 날씨가 흐려 안타까웠다. 요정의 마법을 풀어 바위섬으로 바뀐 바다왕자를 구하기 위해 예쁜 공주가 연 '마법의 무도회'에 참석해 바위섬에 왕관을 씌워주었다. 바다왕자가 저주를 풀어줘서 고맙다면서 한라산 앞바다에 멋진 빛내림을 펼쳐주었다.
　추자도의 아쉬움을 다무래미에서 달랬다. 추자도에도 '모세의 기적'이 일어난다. 밀물 때는 섬이 되었다가 썰물 때는 봉골레산과 이어지는 다무래미가 그곳이다. 이날은 거센 바람과 함께 세찬

황경숙, 〈추자도 다무래미〉, 캔버스에 유채, 130.0×162.3cm, 2023

물결이 길을 막고 있었다. '진도행 배가 뜨지 않을 수 있겠다'는 걱정이, 나석중 시인의 〈추자도 연가〉를 떠올렸다.

"하루를 갇히고 이틀을 갇혀도
추자도는 바람을 결코 탓하지 않는다
폭설에 갇혔던 한계령 연가가 있었다면
바람에 갇히고만 추자도 연가도 있으니
잠시 나바론 절벽에 투신하고 싶은 충동을
많은 추자의 미모가 망설이게 한다-나석중,

-나석중, 〈추차도 연가〉 부분

바로 그때 핸드폰이 울렸다. "진도행 산타모니카호가 제주항에서 떠났으니, 늦지 않게 추자항으로 오라"는 전화였다. 1박 2일 동안 돌아본 추자도의 구석구석을 눈과 귀와 가슴과 머리에 새길 시간이었다. 흐리고 비까지 내려 우두일출牛頭日出과 직구낙조直龜落照와 나바론 하늘길의 파란 하늘과 바다를 보지 못해 아쉬움은 다음으로 미뤄야 했다. 추자도에 어스름이 내리기 시작했다.

추자도 다무래미
홍찬선

모세의 기적은 추자도에서도 일어납니다
물이 밀려올 때는 섬이 되어 사람을 거부하다가
거센 물결에 휩쓸려 들어갈 것 같은 어지럼증에 뒷걸음질치다가
썰물로 빠지면 길이 이어져 어서 오라 반깁니다
아까는 부부싸움 뒤끝으로 성질내 미안하다고 얼굴 붉힙니다
모든 게 다 때가 있으니 시시때때를 잘 맞춰 오라고 다독거립니다
바람불지 않으면 나도 착한 섬이라고 귀엽게 앙살합니다

2
김성우의 욕지도에서 나를 찾다

욕지도 비렁길에서 내 안의 바람을 본다

　물리적 거리는 아무것도 아니다. 멀다고 제쳐놓는 마음의 거리가 문제다. 간다고, 가야 한다고, 말로만 다짐할 땐 멀기만 했던 섬이 이웃집처럼 가까워졌다. 아니 두려움이 줄었다. 섬은 삶이었다. 섬은 사랑이었다. 섬은 버리면 얻고 얻으면 버린다는 사실을 알려준 스승이었다. 참으로 멋진 맛은 방안에선 맛보기 힘들다. 영하 15도의 강추위를 뚫고 나아가는 결단으로 짜릿한 맛을 즐길 수 있었다. 발과 몸이 힘을 합쳐 눈과 귀와 가슴이 욕지도欲知島의 벅찬 감동을 감싸 안았다.

　사람은 새로움을 찾아가는 존재다. 2023년 12월22일 새벽 6시, 동짓날이어서 늦게 뜨는 해를 기다리지 않고 시동을 걸었다. 통영에 다섯 번 갔을 때마다 가 보고 싶은 마음이 굴뚝같았지만, 일행과 시간 때문에 가지 못했던 욕지도로 향했다. 통영까지 5시간의 운전은 힘들지 않았다. 드디어 이중섭이 황소를 그렸던

〈황경숙 취재메모〉

욕지도 비렁길, 벼랑 끝에 서서 바다를 본다. 아침, 바다 위로 떠오른 해가 노랗게 반긴다. 너른 바다는 보기엔 잔잔하다. 그러나, 아래를 향할수록 깊이를 모르게 빨려든다. 시퍼런 그 밑의 또 다른 세계를 알고 싶은 호기심이 동한다. 어둡고 차갑게 느껴지는 세계가 아닌 파도 흐름을 따라 다른 세계로 이어진 것 같은 설렘이 파도를 따라 인다. 욕지도 여행은, 닫힌 작은 세계가 아닌 열린 너른 세계로의 들어섬! 보이는 너머로 보이지 않는 세계를 향해 내 안의 바람을 더해 본다.

욕지도를 만난다는 설렘이, 김성우 대한민국 제1호 명예시인의 문장비를 본다는 기대가 추위와 피로를 날려버렸다.

벼르고 별러 찾은 욕지도와의 첫 만남을 일출봉에서 첫해를 보려고 서둘렀다. 아무도 가지 않은 첫길을 올랐다. 바람과 햇살과 나무와 풀과 멧새가 벗이 되어 함께 걷는 길이었다. 뛰다시피 해발 190m의 정상에 오르니 해가 뜨는데, 나무에 가려 잘 보이지 않았다. 사전에 제대로 조사하지 않은 탓이었다. 나중에 알고 보니 욕지도의 해돋이 명소는 새천년기념공원이나 삼여공원, 대기봉(392m)이있다. 이 쉬움을 동쪽 바다 앞, 연화도蓮花島 용머리바위의 환한 미소와 서쪽 항구 뒤로 우뚝 솟은 천왕봉(392m)의 햇살꽃으로 달랬다.

　일출봉에서 마루금을 타고 망대봉(205m)과 옥동정상(155m)을 거쳐 비렁길이 시작되는 제1출렁다리로 걷는 게 본디 둘레길이다. 하지만 등산보다는 그림 그리는 게 임무인 황경숙 작가가 일출봉 등산로 입구에서 욕지도 선착장을 스케치하고 있어서, 되돌아 내려와 자동차로 젯고닥으로 향했다. 욕지도 선착장이 한눈에 볼 수 있는 이곳엔 '서프로카페'가 있다. 욕지도 고구마로 만든 고메원도넛으로 아침 요기를 하고 고구마라떼로 추위를 달랬다.
　고메원도넛과 고구마라떼로 힘을 얻어 비렁길 걷기에 나섰다. 비렁은 벼랑의 경상도 사투리로, 비렁길은 젯고닥 아래 제1 출렁다리부터 펠리컨바위와 제2 출렁다리와 고래강정과 제3 출렁다리로 이어진다. 약 3km 이어지는 벼랑길은 출렁다리의 짜릿함과 바다에 꽃송이처럼 꽂혀있는 섬과 반짝반짝 빛나는 윤슬이 발걸음을 가볍게 했다. 힘든 줄도, 시간이 흐르는지도, 배가 고픈지도 모르게 나를 잊은 무아지경으로 걸었다.
　비렁길은 산들바람과 윤슬과 나의 대화였다. 바람이 바다를 꼬드기자 바다가 파란 윤슬로 꼬리쳤다. 바람과 윤슬의 사랑놀음에 햇님은 지그시 따뜻한 빛살로 눈감았다. 시간이 멎고 바람도 자고 발길도 숨죽였다.

황경숙, 〈욕지도 비렁길〉, 캔버스에 유채, 72.7×53, 2023

황경숙, 〈욕지도 고구마 황토밭〉, 캔버스에 유채, 53.0×33.4cm, 2023

나를 찾는 비렁길

홍찬선

벼랑길이 비렁길로 거듭났습니다
욕지도 사람들이 다니던 해안절벽길이
출렁다리 세 개로 펠리컨바위와 고래강정을 이어
욕지도를 찾는 사람들의 눈과 귀와 가슴을 즐겁게 합니다

꽃송이처럼 핀 섬과 반짝반짝 인사하는 윤슬과
갈매기도 놀라는 비경秘境에 흠뻑 젖은 뒤
젯고딕의 서므로카페에서 욕지항을 바라보며
고메원도넛과 고구마라떼로 발 쉼을 합니다

문득 시간이 멈췄습니다
시간과 함께 생각도 떠나갑니다
바람이 바람 타고 바람을 키웁니다
나를 잊고 나를 찾는 나의 길입니다

호래기로 아점하고 맞이한 자부마을의 '굴욕'

비렁길은 모노레일로 이어졌다. 가파른 경사를 천천히 오르는 모노레일에 몸을 실어 느긋하게 대기봉까지 올라 욕지도 선착장과 바다를 보려던 바람은 바람과 함께 사라졌다. 전에 일어났던 사고 때문에 운행을 중단한 뒤 아직도 재개되지 않았기 때문이었다. 어쩔 수 없이 아점을 하면서 다음 길을 정하기로 했다. 금강산도 식후경이니까….

욕지도에 왔으니 고등어회를 먹어야 했다. 어디로 갈까 재다가 수족관에서 고등어가 힘차게 놀고 있는 '경일호막썰이'의 문을 열고 들어갔다. 고등어회와 막걸리를 시키니 밑반찬이 나왔다. 눈을 말똥말똥 뜬 것처럼 까만 눈동자를 하고, 네가 나를 먹을 수 있는지 지켜보겠다는 게 있었다. 언뜻 보면 꼴뚜기도 같고 오징어 새끼처럼 보이는 것도 나왔다. 물어보니 호래기라고 했다. 반원니꼴뚜기를 경상도에서는 호래기, 전라도에선 고록이라고 한단다. 하나를 집어 입에 넣으니, 상큼한 내음과 부드러운 살과 쫄깃쫄깃하게 씹히는 맛이 일품이었다. 막걸리를 안주 삼고 고등어회를 반찬 삼으니 밥을 먹지 않아도 배가 불룩해졌다.

행복한 마음으로 자부마을로 향했다. 자부마을은 옛날 욕지도의 중심지로, 일제강점기 때 파시가 열린 곳이다. 마을 서쪽 언덕에 이중섭전망대가 있다. 화가 이중섭이 6.25전쟁 때 이곳으로 피난 와서 〈욕지도 풍경〉과 〈황소〉와 〈애들과 물고기와 게〉

등을 그린 것을 기념하기 위해 만든 곳이다. 이중섭을 생각하며 자부마을에 들어서며 '도미우라富浦저택'이란 안내판을 읽는 순간, 자부마을이 자부마을로 보이지 않았다.

알기를 원하는 섬, 욕지도의 좌부랑개가, 부포라는 못된 일본놈이 왜곡한 '자부포로'라는 도로명으로 지금도 쓰이고 있다는 것을 보고 어안이벙벙했다. 자부포가 무슨 뜻인지를 알려주지도 않은 채 그냥 자부포길이라고 정한 무뇌한無腦漢들에게 울화통이 터졌다. 자부마을 뒤의 천연기념물, 메밀잣밤나뭇 숲속에 자리잡은 충혼탑도 어처구니없는 일에 화내고 있는 것처럼 느껴졌다.

그러나 어쩌랴. 나 혼자 아우성친다고 세상은 꿈쩍하지 않는 것을…. 메밀잣밤나무 숲을 걸으며 화를 삭인 뒤 욕지도의 명물 '할매바리스타'에 들어갔다. 할머니들이 만드는 고구마라떼와 빼때기죽을 시켰다. 빼때기는 고구마를 겨우내 먹기 위해 빼딱하게 널빤지처럼 썰어 말린 것을 뜻하는 통영 사투리란다. 빼때기에 팥과 좁쌀과 강낭콩 등을 넣고 쑨 죽이 빼때기죽이다. 고구마라떼와 빼때기죽을 먹으며 실내를 둘러보니 왔다 간 사람들의 흔적이 빽빽했고, 한쪽에 장하빈 시인의 시〈욕지도〉가 걸려있다. 역시 욕지도는 시를 짓고 시를 읊고 그림을 그리는 섬인가 보다.

"섬 여행 떠나면 무슨 큰일 나는 줄 아는 첫사랑이랑, 남해 욕지도에 다녀왔다. 그녀와 한배를 타고, 항구의 조그만 거북섬이 목욕하는 욕지도를 찾아 하룻밤 묵고 왔건만, 그녀와 나 사이엔 천지개벽도 천지창조도 일어나지 않았다. 섬이 솟거나 가

라앉지도, 섬이 긴 부리를 내밀고 먼바다로 훨훨 날아가지도
않았다. 섬이 입덧을 하지도, 섬이 배가 불러오지도, 섬이 아이를
낳지도 않았다. -장하빈, 〈욕지도〉 일부

자부마을
홍찬선

      통영 앞바다 욕지도에 가면
      자부포길이란 도로명을 가진 자부마을이 있습니다

      자부라고 해서
      스스로 떳떳하다고 여기는 자부自負이거나
      스스로 부자라고 하는 자부自富라고 여겼는데
      그게 아니었습니다

      모든 게 마음 먹기에 달렸으니
      자부로 자부를 느끼면 얼마나 좋을까라고 받아들
였는데
      그게 아니라,
      슬픈 역사가 있었습니다

      일제강점기 때 부포富浦(도미우라)라는 일본 놈이

욕지도 좌부랑개座富浪浦에서 고리대금업으로
대한사람들 피땀을 착취한 뒤
좌부랑개를 제놈 이름과 비슷한 자부포自富浦로 바꿨답
니다

그런데, 그런데 말입니다
알기를 원하는 섬, 욕지도의 좌부랑개가
부포라는 못된 일본놈이 만든 자부포로
지금도 쓰이고 있다는 게 말이 되느냐 말입니다

알기를 원하는 섬사람들은
절대로 그렇게 생각하지 않을 것입니다
자부포가 무슨 뜻인지를 알려주지도 않은 채
그냥 자부포길이라고 정한 놈들이 문제겠지요

그림처럼 아름다운 욕지도를 가슴으로 안은 뒤
자부포길이란 도로표지판을 보고 나서
배앓이가 터져 화장실을 세 번이나 다녀왔는데
이게 나만의 과민성 대장증후군이었을까요.

고메원도넛

홍찬선

고구마가 미식가를 만나 태어난
고메원도넛과 고구마라떼로 새벽부터 시달린 몸을 달랜다

비탈진 황토밭에서 거센 바닷바람과 포근한 햇볕을
벗으로 품은 욕지도 고구마와
임금님 수라상에 오르던 부산 기장 다시마와
사과 살의 단맛과 껍질의 소화 기능을 하나로 버무려

맛도 좋고
영양과 섬유질도 풍부하며
열량과 지방도 낮게 태어난
고메원도넛,

통영 앞바다 욕지도의
제1출렁다리와 펠리컨바위를 품은 태평양언덕, 젯고닥에서
우주인 식량으로 사랑받는 고구마로
비렁길을 걷고 천왕봉을 오르는 힘을 듬뿍 담았다

김성우 명예시인의 '문장비'에 젖다

다음 행선지는 새천년기념공원이었다. 2000년에 만들어진 이곳에서는 해마다 1월 1일에 새해맞이 행사가 열린다. 뻥 뚫린 바다 저 멀리에 쌍말섬, 대마도對馬島가 아스라이 보였다.

새천년기념공원엔 욕지도 출신인 김성우 전 한국일보 편집국장의 '문장비文章碑'가 있다. 김성우 국장은 시의 대중화를 위해 이근배 시인 등과 함께 시낭송 대회를 활성화한 공로가 인정돼 대한민국에서 최초로 명예시인으로 뽑혔다. 그는 1999년에 자전에세이집 『돌아가는 배』(삶과 꿈)를 출간했다. 그 책에서 한 부분을 뽑아 '문장비'에 새겼다. 자부마을에 그가 사는 '돌아가는 배'라는 이름의 집이 있다.

"나는 돌아가리라. 내 떠나온 곳으로 돌아가리라
출항의 항로를 따라 귀향하리라
바람 가득한 돛폭을 달고 배를 띄운 그 항구에
이제 안식하는 대해의 파도와 함께 귀향하리라
어릴 때 황홀하게 바라보던 만선滿船의 귀선歸船,
색색의 깃발을 날리며 꽹과리를 두들겨대던 그 칭칭이
소리 없이라도 고향으로 돌아가리라
빈 배에 내 생애의 그림자를 달빛처럼 싣고 돌아가리라
-김성우, '문장비문', 『돌아가는 배』에서 발췌

김성우 국장은 "섬은 갇힌 공간이 아닌 열린 공간이며, 젊은 자유를 가진 곳"이라고 했다. "바다 없는 섬은 없고, 섬이 작을수록 바다는 크다"며 "섬에서 태어난 것은 큰 호강"이라는 설명이다. 섬에서 태어나지도 않고, 섬을 그다지 다니지 않은 나로서는 선뜻 이해할 수 없는 크고 깊은 울림을 갖고 있다.

새천년기념공원에서 황 작가와 한 번 더 딴 길을 갔다. 나는 대기봉을 거쳐 천왕봉을 올랐고, 황 작가는 '삼여의 전설'을 화폭에 담으러 갔다. 대기봉 가는 길이 가파른 것은 이유가 있었다. 오로지 오르는 것에만 얼빠지지 말고, 숨이 차오를 때마다 뒤돌아서서 섬과 바다와 사람을 둘러보라는 뜻이었다.

삼여는 깎아지른 절벽 밖 바다에 있는 바위섬 3개를 가리킨다. 옛날 용왕에게 딸 셋이 있었는데, 이 마을에 900년 묵은 이무기가 변한 젊은 총각을 서로 사랑했다. 이 사실을 안 용왕이 화가 나서 딸을 모두 바위섬으로 만들었다는 전설을 갖고 있다. 아름다운 것엔 슬픈 이야기가 있는 것일까. 황 작가는 슬픈 전설을 가진 삼여三女보다는 느긋한 마음으로 아름다운 경치를 즐긴다는 삼여三餘로 보면서 그렸다.

황경숙, 〈욕지도 삼여〉, 캔버스에 유채, 40.9×31.8cm, 2023

삼여도의 삼여

홍찬선

사랑을 막으면 아름다운 풍경이 생기고
기막힌 풍경은 가슴 아픈 전설을 만듭니다

남해 용왕의 예쁜 세 딸이 멋진 젊은이를 사랑했습니다
이 젊은이는 900년 묵은 이무기가 용이 되지 못하고
변한 것입니다
화딱지가 난 용왕은 세 딸을 섬으로 만들었습니다

세 섬으로 변한 세 딸은
거센 비바람과 모진 파도를
온몸으로 받아내며 갈수록 아름다워졌고

수억년을 품은 원초적 생명은
화려한 외출로 외형성장의 근대화를 경고하며
내실 있는 발전을 그리워했습니다

그리움에서 아름다움을 본 화가는
삼여三女를 삼여三峰로 느긋하게 그려냈습니다

3
장봉도, 모도, 시도, 신도를 하루에 품는 여행

장봉도 공룡동굴에서 인어를 만나다

모든 일에는 때가 있다. 억지 부린다고 때가 오지 않는다. 저절로 다가오는 때에 맞춰 물 흐르는 대로 사는 게 삶이다. 황경숙 화가가 신분증을 챙기지 않아 1시간 10분 늦게 배를 탄 것이 오히려 여행을 풍부하게 했다. 삼목선착장 부근의 '삼목도기념비'를 보고 이곳의 숨은 역사를 배웠고, 늦게 출발한 덕분에 장봉도 공룡 동굴을 갈 때 물이 쫙 빠졌다. 우연히 섣달 보름날을 잡아 해돋이와 해넘이는 물론 보름달이 뜨고 지는 것을 모두 가슴에 담은 것도 때를 잘 맞춘 덕분이었다.

인어는 떨지 않았다. 처음 발 디딘 장봉도^{長奉島}에서 만난 인어는, 체감 영하 20도 가까이 떨어진 강추위에 덜덜 떠는 시인과 화가를 포근하게 맞이했다. 그 옛날 그물에 걸린 인어를 어여삐 여겨 놓아준 어부의 어진 마음에 보답하려 물고기를 많이 보내주었던, 그 마음이 아직도 따듯하게 남아 있었다. 강화도 앞바다를 냅다

질러온 높새바람에 잔뜩 웅크리고 있는 '작은멀곶'에게 조금만 참으라고 속삭이고 있었다. 봄이 멀지 않았다고….
  작은멀곶은 독바위 마을 앞 100m쯤 떨어진 바다에 있는 조그마한 바위섬이다. 멀곶은 가까워도 먼 곳처럼 갈 수 없는 곳이란 뜻. 이제는 다리가 놓여 연인들이 자주 찾는 명소가 됐어도 멋진 옛 이름을 아직 지니고 있다.

  너무 추워 오래 머물지 못하고 차를 몰아 진촌해변으로 갔다. 강화도를 코앞에 볼 수 있는 모래사장이 아름다운 곳이다. 이날은 백사장 대신 끝없이 이어진 거품눈밭을 보여주었다. 밀물 때 만들어진 거품이 썰물 때 어는 것이 되풀이되면서 만들어진 거품눈 해수욕장은 짜릿한 첫 경험이었다.
  겨울 섬의 묘미는 이런 것이었다. 대한大寒이 포근하게 지난 뒤 사흘 연속 영하 13도 아래로 떨어졌던 2024년 1월25일, 거센 바람으로 묶였던 물길이 사흘 만에 다시 열린 장봉도는 봄과 여름과 가을에는 볼 수 없는 장관을 보여주었다. 꿈에서도 생각하지 못했던 깜짝 선물이었다.
  선물은 곳곳에 숨어 있었다. 늦추위가 몰아쳐 손님이 뚝 끊겨서인지 문을 연 식당을 찾기 어려웠다. 새벽 5시 30분에 길을 나서 아우성치는 배를 달래기 위해 들른 '하늘정원맛집'도 그중의 하나였다. 고등어구이정식을 시켰는데 밑반찬으로 '물김생채'가 나왔다. 유명한 장봉도김이었다. 영종도공항을 만들려고 바다를 많이 매립해 지금은 옛날의 명성을 많이 잃었지만, 썩어도 준치,

명불허전名不虛傳이었다. 말리지 않고 바닷물을 머금은 그대로의 김에서 풍기는 상큼한 내음이 식욕을 돋궜다. 소금을 뿌리지 않고 참기름으로만 구운 김도 밥도둑이었다. 마른 김 두 톳과 구운 김 한 톳을 샀으니 귀여운 돈도둑, 옆에는 5년근 장뇌삼으로 담근 산삼주도 지갑을 노렸다.

송수경 사장의 맛과 마음이 지갑을 열게 만들었다. 7년 전에 편의점을 하려고 장봉도에 들어왔다가 팬션과 식당까지 한다는 송 사장은 친절한 관광안내원이었다.

⟨황경숙 취재메모⟩
짧은 뱃길에 닿은 장봉도의 길고 긴 해변은 눈얼음으로 바뀐 흰 파도산이 펼쳐 있다. 운 좋은 물때맞춤이 멋진 공룡해식동굴을 드러내 화폭에 담으라고 눈짓한다. 오래오래 긴 호흡으로 받들어야 할 곳, 장봉도! 그리고 도심에서 가까워 바다멍의 여유와 나라 밖 먼 곳으로 이륙하는 비행기를 물끄러미 볼 수 있는 곳, 신도와 시도와 모도! 섬과 바다는 무한형상과 계절빛 색채로 자연의 숭고함과 거대함을 느끼게 한다. 한아름 가득 시각적 이미지를 담아온 자주자주 가고픈 매력적인 섬여행길이다.

"해식동굴에 어떻게 가나요?"

"물때를 맞춰야 하는데…" 하면서 달력을 보더니 "지금 물이 쫙 빠졌으니 때를 기막히게 맞춰 왔다"고 했다. 그는 지도를 꺼내 볼펜으로 써가며 "119 소방서 지나서 왼쪽 논길을 가다 왼쪽 길로 가라"고 자세히 알려주었다. 막걸리를 안주 삼아 아점을 맛있게 먹은 뒤 동굴탐험에 나서려는 데 벽에 〈장봉도연가〉란 시가 눈에 띄었다.

"저녁 무렵
영종에서 뱃길을 따라 서해를 가다 보면
낙조에 온 몸 붉히며 수줍게 앉은 섬
장봉에 닿는다

억겁의 시간을 해안 바위에 가두고
말없이 멈추어 있는 섬
장봉에서는
저마다의 사연들이 그리움으로 피어나
나그네는 모두 주인이 된다.
-조임수, 〈장봉도연가〉, 제1연과 4연

장봉도 공룡동굴

홍찬선

바위도 외로웠던 것이다
늘 함께 하면 좋을 바다가
개구쟁이처럼 왔다가는 바다를
미워할 수 없어 사랑하는 아픔에
하루에 눈꼽만큼씩 떼어주었던 것이다

바다는 바위가 좋았던 것이다
바위 곁에 가서 놀 때마다
심술쟁이 팥쥐엄마처럼 아무리 잡아끌어도
억지로 쓸려갔다가는 걸음을 재촉하며
다시 찾아왔던 것이다

바위와 바다는 아픈 것이다
수백억 수천억년 억겁의 세월을
하루도 거르지 않고 만났다 헤어지면서 쌓은 사랑을
지신地神이 질투해 바위를 쬐끔 올리고
바람과 파도와 소금물과 얼음도 시새워
바위와 바다가 문지방에서만 잠깐 만나기 때문인 것이다

황경숙, 〈장봉도 해식동굴〉, 캔버스에 유채, 72.7×53.0cm, 2024년

황경숙, 〈장봉도 건어장해변〉, 캔버스에 유채, 53.0×40.9cm, 2024년

해식동굴로 가는 길은 미끄러웠다. 썰물 뒤 남은 물기가 얼어붙어서다. 곳곳에 쌓인 거품눈과 얼음길을 조심조심 5분 정도 걸었다. 커다란 바위산 아래 바닷물 닿는 곳에 움푹 파인 두 눈이 보였다. 바로 장봉도의 자랑, 해식동굴이었다. 겉과 속이 완전히 달랐다. 바다 쪽에서 보면 그다지 감동할 것이 없지만, 동굴 안에서 바다를 보면 전혀 다른 모습이다. 공룡을 닮은 오른쪽 동굴로는 건어장해변을 지나 가막머리전망대로 가는 해안이 한 폭의 동양화를 그렸다. 항아리를 엎어놓은 것처럼 반원 모습을 한 왼쪽 동굴로는 동만도東晚島와 서만도가 사귀는 듯 떠 있는 모습이 들어왔다. 두 섬은 천연기념물 360호인 노랑부리백로와 361회 괭이갈매기가 무리를 지어 사는 곳이다.

해식동굴은 신비였다. 만나면 헤어지고 헤어진 뒤 다시 만난 바위와 바다가 서로의 사랑과 미움을 억겁의 세월 동안 쌓아서 만든 추억이었다. 바위는 개구쟁이처럼 왔다가 도망가는 바다가 얄밉지만 미워할 수 없어 외로웠을 것이다. 바다는 바위가 너무 좋아했을 것이다. 팥쥐 엄마처럼 심술궂은 썰물에도 불구하고 쓸린 가슴을 쓰다듬으며 걸음을 재촉해 찾아오고….

해식동굴 안에서 '바다멍'을 하고 앉아 있으니 시간이 멈추어 지나간 세월의 사연을 소곤소곤 얘기해주었다. 그렇게 몇 날 며칠이고 시간을 잊은 채 앉아 있고 싶었다. 하지만 머묾의 맛보다는 떠남의 즐거움을 더 누려야 하기에 발길을 돌렸다. 장봉도 선착장에서 가막머리전망대까지 종주하는 신선놀이길과 하늘나들길을 걷고 싶은 마음도 말문고개에서 국사봉國思峰(150.3m) 다녀오는 것으로 달랬다. 오후엔 신도 시도 모도를 둘러봐야 하기 때문이었다.

믿음과 화살과 모시 삼둥이섬

믿음섬(신도信島)과 화살섬(시도矢島)과 모시섬(모도茅島) 여행은 시도에 있는 북도면사무소부터 시작했다. 처음에 가는 곳에선 그곳 사람들의 안내를 받아야 알차게 보낼 수 있다는 경험법칙에 따랐다. 시도에서는 시도염전과 수기해수욕장, 모도에서는 박주기, 신도에서는 수변공원에서 해넘이를 보는 게 좋다고 안내받았다.

수기해수욕장은 넓고 고운 모래사장과 바다 건너에 있는 강화도 마리산을 한눈에 감상할 수 있는 곳이다. 강화도 사람들은 마니산摩尼山이 아니라 마리산이라고 해야 한다고 했다. 마리는 우두머리라는 뜻으로, 마리산은 단군께서 제사 지내던 산의 우두머리라는 뜻이란다. 수심이 얕고 경사가 완만해 해수욕을 즐길 수 있다는데, 겨울이라서 문을 닫았다. 이곳은 2004년 KBS에서 방송된 드라마 〈풀하우스〉가 촬영된 곳. 정지훈(비)과 송혜교가 주연한 이 드라마는 최고 시청률 40.2%를 자랑한 뒤 아시아 중남미 국가 등에도 수출돼 한류열풍을 확산시키는 데도 기여했다.

돌아 나오는 길에 '시도염전'에 들렀다. 반듯반듯하게 경지

정리된 논에 벼 대신 바닷물을 끌어들여 천일염^{天日鹽}을 만드는 소금밭이 윤슬을 보이며 반짝였다. 가까이 가 보니 비닐하우스에 소금이 산처럼 쌓여 있었다. 한쪽에는 20kg짜리 '진실한소금'이 방긋 인사했다. 포장지에 있는 번호로 전화해서 소금을 사려고 한다고 하니, 근처에 있는 집으로 오라 했다. 도로 옆에 있는 '서해팬션'이었다(20kg 한 포대를 4만 원 주고 샀다. 저녁 때 신도선착장 매장에서는 같은 소금이 4만5000원이었다. 원정^{元貞} 작가는 5,000원 벌었다며 파란콩(청태^{靑苔})과 산나물을, 나는 신도산 포도로 만든 포도주를 샀다.

 시도와 모도 사이의 갯골이 '웬돌끼미'다. 밀물과 썰물 때 물살이 빠르고 썰물 때 갯벌이 넓어 옛날부터 '곳배'로 새우와 우럭과 농어 등을 많이 잡던 어장으로 유명했다. 곳배는 바람을 받는 돛과 노로만 움직이는 나무로 만든 배다. 지금은 다리가 놓여 편하게 오갈 수 있다.

 다리를 지나 모도에 들어서 왼쪽으로 꺾자 모도리공원에서 '이건창불망비'가 맞이해주었다. 이건창^{李建昌}(1852~1898)은 개성에서 태어나 15세 때 별시문과에 병과^{丙科}로 급제한 수재였다. 1880년 경기도 암행어사가 되었을 때 탐관오리들의 비리를 파헤치고 흉년을 당한 농민들의 식량난을 해결하기 위해 세금을 감면해 주어 각지에 선정비가 세워졌다. 당시 모도에서 세워진 이건창불망비가 아직도 남아 있었다.
 모도의 남쪽 끝은 박주기다. 이곳 모습이 박쥐를 닮았고,

뒤쪽 바위가 곡식을 쌓아놓은 것처럼 보인다고 해서 붙은 이름이다. 썰물 때 조개잡이를 할 수 있는 체험장이 있고 붉은색으로 'Modo'라고 쓴 글씨가 세워져 있다. 박주기에서 시인 은 해안도로와 산길을 따라 모도를 일주하고, 화가는 배미 꾸미 조각공원을 구경한 뒤 시도로 넘어가는 다리 앞에서 만나기로 했다. 당산(97.3m)과 높은 산(76.2m)으로 이어지는 일주는 1시간 정도 걸리는데 당산 정상부근의 소나무 숲에서 봄이 오고 있음을 느꼈다.

당산에서 내려와 높은산으로 가는 길에서 김영태 대표를 만났다. 20여 년 전에 서울 암사동에서 모도로 이사 와 모도에서 사는 분이다. 다니던 직장이 영종도공항으로 옮길 때 아예 모도로 옮겼다가 정년퇴직하고 부동산 중개와 금융상품 판매 등을 하고 있다. 하루도 거르지 않고 모도를 한 바퀴 도니 건강이 좋아진다며 모도에 다시 올 때 막걸리 한 잔 함께 하자는 초대를 받았다.

모시섬 해송숲길에서 봄을 맞다
홍찬선

모도茅島 당산의 솔숲에 들어가면
강화도 마니산을 넘어 서해로 질주하던

황경숙, 〈신도항 월출〉, 캔버스에 유채, 40.9×31.8cm, 2024년

칼바람도 이내 길들어 봄바람으로 착해진다
솔 솔 솔 솔솔 솔
소나무 가지 사이를 느긋하게 지나다가
사이가 좋은 사이로 바뀌듯

사그락 사그락 삭삭
여러 해 쌓이고 쌓인 솔잎이
부드럽고 따뜻한 양탄자 되어

싸악 싹 싸악 싹
쏟아내는 시를 주우며
시인은 봄을 먼저 맞는다

신도 수변공원의 해넘이

이제 신도의 구봉산과 수변공원의 해넘이만 남았다. 시도에서 신도로 넘어와 구봉산에 올랐다. 신도1리 마을회관 뒤에 있는 구봉재부터다. 정상까지는 900m, 200m쯤 오르자 화가가 자꾸 뒤처졌다. 시인은 등산을 하고 화가는 수변공원 주위를 산책하다, 함께 해넘이를 보는 것으로 결정했다.

구봉산九峯山(179.6m) 정상에는 소박한 돌탑이 쌓여 있다. 산을 오르는 사람들이 등산로에서 돌을 한두 개씩 주워 쌓은 탑이다. 스스로 이루고자 하는 꿈을 빌고 자신과 가족들의 건강과 행복을 빌고, 나아가 회사와 나라가 잘되기를 비는 마음들이 차곡차곡 쌓여 있다.

　정상을 지나 구봉정九峯亭을 향해 내려가다가 발갛게 익은 멍개를 발견했다. 표준말로는 맹감이고 경상도에선 망개라고 부르는 청미래덩굴, 멍개는 배고팠던 어린 시절 좋은 간식이었다. 늦여름에서 가을로 넘어갈 때 시큼한 멍개를 따먹으면서 소에게 풀을 뜯겼던 일이 새록새록 피어올랐다. 예상보다 많은 시간이 걸려 도착한 구봉정에선 영종도공항을 한눈에 내려볼 수 있었다.
　신도 수변공원은 해변과 방파제를 따라 만든 산책길이다. 억새와 갈대가 장봉도 너머로 인사하는 해님과 작별 인사를 하고 있었다. 그 어느 때보다 멋진 해넘이를 떠나보내고 삼목선착장행 배를 타러 가니 구봉산 너머로 섣달 보름달이 두둥실 떴다. 영하 13도의 강추위를 뚫고 새벽 5시 30분에 시작된 장봉도와 신도 시도 모도 삼둥이섬을 가슴에 품는 여행의 안전 귀가를 빌어주고 있었다.

신도 수변공원 해넘이와 보름달맞이
홍찬선

날마다 해는 지지만
해넘이가 늘 똑같은 건 아니었다

믿음섬 배타는 곳 옆 수변공원에서
섣달 보름날에 맞이한 해넘이는
다른 곳과 다른 비빔밥 맛이 있었다
장봉도를 순하게 넘어오는 파도소리와
영종도에서 날아오르는 비행기 소리와
구봉산 위로 떠오르는 보름달 노래가 어우러져

떨어질 듯 떨어질 듯 간을 보다가
살그머니 꼬리가 닿자 이내 쑤욱
빨려들어가곤 더 진한 부끄러움을 남겼다

날마다 해와 달이 뜨고 지지만
장봉도와 모도와 시도와 신도를 둘러보고 맞이한
섣달 보름달과 교대한 해넘이는 발간 추억으로 박혔다

삼목선착장 해돋이
홍찬선

뫼는 높은 것으로만 이름을 날리지 않는다
　때가 되면 몸을 내주고 이름만 남기는 살신성항^{殺身成港}을
이룬다

삼목1도와 삼목2와 조막산으로 이루어진 이곳은
해산물이 풍부하고 해안방어의 최전방이었는데
전 세계로 뻗어가는 영종도공항에 몸과 마음을 흠씬
내주었다
신도와 시도와 모도와 장봉도를 오가는 뱃길도
영종도에서 신도로 건너가는 다리가 만들어지고 있어
언제 그 숨통이 끊어질지 애면글면 하건만

뱃길이 귀찮은 사람들은 자꾸 늦어지는 연육교에 투덜
거린다
삼목선착장의 넓고 깊은 덕은 그들에겐 시한부 연락선이
었다

*삼목선착장 부근에 '삼목도기념비'가 세워져 영종도공항 건설 때 없어진
삼목2도(해발 113m)와 삼목1도(143m)와 조막산(69m)의 사연을 전해주고 있다.

황경숙, 〈삼목항 일출〉, 캔버스에 유채, 40.9×31.8cm, 2024년

4
달래와 해무와 고래조지의 섬 외연도

달래섬 외연도는 봄꽃의 천국

멋지다는 건 멀다는 뜻이고 아름다움은 더 떨어졌다는 말이다. 가까이 가면 멋짐에 아픔이 곁들이고 가까이 서면 아름다움에 아림이 스민다. 바람이 거세도 길이 끊기고 안개가 짙어도 뱃길이 막혀 발만 동동 구르며 얽혀, 얼키섬으로 불린 외연도外烟島에도 초등 학교가 있었다. 시인과 화가는 전교생이 네 명뿐인 초등학교에서 파란 바람을 보았다.

　외연도는 달래섬이었다. 대천연안여객선터미널에서 3시간 배를 타고 닿은 외연도가 달래 내음으로 배멀미를 달래주었다. 봉화산(279m)을 오르내리는 길에도, 상록수림이 울창한 당산(73m) 앞 기슭에도, 뾰족하게 솟아 보름달을 배웅하는 망재산(171m) 등산로에도, 달래는 지천으로 봄을 뿜어내고 있었다.

　상록수림맛집에서 호미를 빌렸다. 마늘쫑처럼 굵은 달래 줄기와 꽃사과만한 달래뿌리알로 담근 달래짱아찌의 유혹에 넘어갔다. 외연도초등학교 옆 당산 입구에서 허리를 몇 번 굽혔다

〈황경숙 취재메모〉

외연도, 서쪽 바다 멀리 안개 잦은 작은 섬. 그곳에 숨겨진 작은 울림들이 조용히 세상 빛을 기다린다. 차르락 차르르… 큰몽돌 작은몽돌들이 내는 울림, 휘이잉 스르르… 온몸에 부딪쳐오는 2월 섬바람. 노을집 주인은 돌아온 그 섬에서 비워진 마음으로 노을과 바람소리와 커피향을 따뜻하게 나눠주었다. 적막 가득 인적 드문 섬 안엔 푸른 상록수림과 붉디붉은 천년동백이 오래도록 피고 지며 그 섬을 지키고 있었다.

폈다. 향긋한 달래 내음으로 목욕한 몸이 날아갈 듯 가벼웠다. 화가는 연신 "외연도 이름을 달래섬으로 바꿔야겠다"고 감탄사를 쏟아냈다.

　외연도는 봄꽃의 천국이었다. 달래 내음에 쿵쿵거리며 봉화산을 오르는데 노루귀가 방긋 인사했다. 여린 분홍과 수줍은 하양으로 꾸미고 두 손을 다소곳이 잡았다. 꽃샘바람을 묏부리가 막아주고 따뜻한 햇살이 볼을 두드리자, 때가 왔음을 먼저 알고 기지개 늘어지게 켜면서 활짝 웃었다. 달래 내음과 노루귀 인사로 가파른 오르막이 이어진 봉화산을 사뿐하게 올랐다.

황경숙, 〈외연도 큰명금〉, 캔버스에 유채, 72.7×53.0cm, 2024년

외연도는 동백섬이었다. 봉화산 허리를 걷는 둘레길에 수백 살 되는 자연산 동백이 맞이했다. 마당배로 오르내리는 오솔길은 아예 동백터널이었다. 철이 지나 거의 다 진 동백꽃이 땅바닥에서 겨울을 아쉬워하는데, 한 송이 두 송이 동백꽃이 발갛게 인사했다. 외연도의 중간, 당산堂山과 서쪽의 망재산에도 동백은 성큼성큼 오밀조밀 시인을 반겼다. 발로 쓰는 시, '시발' 시인은 시를 주웠다.

외연도는 배와 금의 섬이었다. 노랑배와 고깔배와 마당배. 배는 바위절벽에서 배처럼 불룩하게 돋은 곳이다. 배의 생김새에 따라 노랑색은 노랑배, 고깔을 닮은 곳은 고깔배, 마당처럼 넓은 바위가 있는 곳은 마당배다. 큰명금과 작은명금과 돌삭금과 누적금과 고라금과 사학금. 외연도에서 태어나 20대를 경기도 분당에서 살다가 서른두 살에 귀도歸島한 남궁호재 '노을펜션' 대표도, 스무 살 총각 때 전기사업하러 외연도에 들어와 오십 년 넘게 살고 있다는 박용문 상록수림맛집 사장도, '금'의 뜻을 모른다고 했다. 시인과 화가는 '명금'에 가서 '명금鳴琴'이라고 해석했다. 파도에 밀리고 쓸린 몽돌들이 내는 소리가 가야금을 타는 소리로 들렸기 때문이었다.

명금 돌삭금 누적금
홍찬선

쏴아아 쏴~
드르륵 드르륵 드르륵

외연도 명금에 파도가 밀리자
그날의 사연을 듬뿍 담고 있는
몽돌이 떼창을 부른다

쏴아아 쏴~
드르륵 드르륵 드르륵

그 옛날 전횡을 데리러 온
유방의 군사들과 끝까지 싸우다
한날한시에 목숨 끊은 사람들이
산 사람들에게 보내는 진혼가이듯

쏴아아 쏴~
드르륵 드르륵 드르륵

전횡의 부하들이 노적가리를 쌓은 곳은 누적금이고
유방의 군사들과 투석전을 벌인 곳은 돌삭금으로 남아

고라금과 사학금의 사연을 전해준다
쏴아아 쏴~
드르륵 드륵 드르륵

천연기념물 136호 상록수림과 고래조지

  외연도 안말을 살포시 품고 있는 당산이 있다. 동백과 후박과 찰피와 팽나무 등이 어우러진 울창한 상록수림이다. 봉화산과 망재산과 선착장에서 바라보면 군데군데 구멍이 뚫려 있다. '천연기념물로는 2% 부족한 것 아닌가' 하는 생각은 괜한 의심이었다. 2010년 9월2일 외연도를 강타한 태풍 곤파스가 수백, 수천 년 동안 자라온 상록수림을 덮쳤다. 아름드리 고목 330여 그루가 쓰러지고 고사枯死했다. 당산의 명물이었던 '사랑나무(식나무 연리지)'도 이때 말라 죽었다.

  '사랑나무'를 사진으로만 보고 아쉬움을 삭히며 내려오다가 할아버지 한 분을 만났다. 등에 잘 다듬어진 나무 기둥을 메고 오르막을 가볍게 오르고 있었다. 범과도 맞짱 뜰 만큼 덩치 좋은 셰퍼드가 앞서 걸었다. 잔뜩 겁을 먹고 옆으로 물러났다. 할아버지가 기둥을 내려놓으며 "괜찮다. 머리 쓰다듬으면 좋아한다"고 말했다. "외연도에 사시냐?"고 했더니 "여기가 고향"이라며 "내 집에 가서 차 한 잔 마시고 가라"고 했다. "그냥 가면 후회할 것…"이라는 말은 진짜였다.

할아버지 집은 고라금과 봉화산과 망재산이 한눈에 보이는 언덕 위에 하얗게 서 있었다. 그림 같은 집이었다. "섬을 떠나 경기도 분당에서 살다가 서른두 살에 귀섬했다. 이곳에서 바라보는 저녁노을이 혼자 보기엔 너무 아름다워 집을 짓고 공유하고 있다"고 했다. 옥호屋號가 무엇이냐고 묻자 "손님들이 노을펜션"이라고 부른단다. 그제서야 생각났다. 서울에서 인터넷에서 '노을펜션'을 찾아 예약하려고 했는데 "가격이 좀 세다"고 해서 다른 민박을 구했다는 사실이. '만날 사람은 언제, 어디서, 어떻게든 만난다'는 말이 새삼 다가왔다.

외연도에 다시 올 때는 노을펜션에서 머물기로 하고 길을 나섰다. 아직 가볼 곳이 많았다.
"고래조지를 꼭 봐야 합니다."
어제 저녁 박용문 상록수림맛집 사장이 말이 떠올랐다.
"고래조지요?"
"예. 이름이 좀 거시기한데, 바위가 바닷속으로 들어간 모습이 고래 좆처럼 생긴 곳입니다."
"갈 수 있나요?"
"그럼요. 망재산 정상 너머에…"
없었다. 망재산 정상을 지나 내려갔지만 고래조지는 이리저리 왔다 갔다 해도 찾을 수 없었다. 허탕을 치고 상록수림맛집으로 돌아오니 한 부부가 "우리는 고래조지를 봤다"고 자랑했다. 같은 배로 타고 외연도에 와서 한두 번 지나치며 인사만 한 부부였다.

황경숙, 〈외연도 상록수림천년동백〉, 캔버스에 유채, 40.9×31.8cm, 2024년

"정말 봤느냐?"고 하자 "신싸!"라며 사진을 보여주었다. 편정에 나선 박용문 사장이 "고래조지가 아니다. 섬 안에서는 볼 수 없고 배를 타고 돌아야 볼 수 있다"고 했다. 처음부터 그렇게 말했으면 아예 배를 빌렸을 텐데….

상록수림과 상록수림맛집
홍찬선

　동백과 식나무와 곰솔과 푸조나무와 머귀나무와 후박나무와 찰피나무와 딱총나무와 팽나무와 사랑나무가 어울려 사는 상록 수림은 천연기념물이고, 굴과 톳과 은행과 콩과 취나물을 버무린 영양굴밥과 양푼이에 동태와 고니와 콩나물과 미나리를 아우른 동태탕을 맛갈스럽게 엮어내는 상록수림맛집은 음식문화재였다
　새벽부터 진눈깨비 헤치고 달려와 봉화산 정상과 둘레길과 마당배와 명금을 아우른 발을 산뜻하게 풀어주고 꼭두새벽부터 정월대보름달과 이야기하며 노랑배에서 해맞이하고 돌석금과 고라금과 망재산과 당산 상록수림과 노을펜션과 사귀고 마음을 푸근하게 감싸주었다
　외연도 물고기는 11월부터 2월까지 남쪽과 바다 깊은 곳으로 피한避寒을 떠나 5월이 돼서야 가성비 좋고 맛난 도미와 광어와 우럭회가 노래한다는데, 시인과 화가는 영양

굴밥과 양푼이동 태탕을 막걸리 안주로 서둘러 찾은 외연도
첫봄을 맛있게 버무렸다

외연도 고래조지
홍찬선

고래조지를 보지 않고선
외연도를 봤다고 하지 말라고 하는데

고래조지는 망재산 서쪽 끝 벼랑에서
바닷속으로 흘러들어간 바위 모습이
고래의 좆을 닮아서 그런 이름을 얻었다는데

고라금 사학금 망재산을 찾아 헤매도
부처님 손바닥의 손오공이요
장님 코끼리 만지기였는데

섬 안에서는 보이지 않고
섬 밖에서만 볼 수 있다는 건 숨겼다는데

여행은 늘 아쉬움을 남긴다. 설레는 마음으로 꼼꼼히 준비해도

황경숙, 〈외연도 고래조지〉, 캔버스에 유채, 65.1×53.0cm, 2024년

여전히 채우지 못하고 돌아와야 할 때가 많다. 외연도 1박2일도 그랬다. 외연도는 바다 멀리 연기가 피어나듯 가물가물 보이는 섬이라서 그런 이름을 얻었다. 외연도로 갈 때는 봄을 재촉하는 진눈깨비로 그 모습을 보지 못했다. 돌아오는 배 선실 밖에서 멀어지는 외연도를 바라보았다. 봉화산이 점점 흐릿해지더니 1시간쯤 지나 녹도^{鹿島}에 이르자 가물가물거렸다. 호도^{狐島}를 지나서면서는 거의 보이지 않았다. 과연 외연도였다.

외연도가 보이지 않자 봉화산의 명금 자락에서 마주친 해막^{解幕} 터가 떠올랐다. 옛날에 어장이 열리는 음력 4월과 조업을 마무리하는 11월, 그리고 신곡^{新穀}을 거두는 8월에 당제^{堂祭}를 지냈다. 임신부가 당제 기간에 몸을 풀면 부정을 타기 때문에, 집을 떠나 아이를 낳게 만든 집이 바로 해막이다. 그래서 외연도에는 '해막동이'를 만날 수 있다.

또 하나 눈에 보인 것은 외연초등학교였다. 유치원과 함께 당산 아래에 자리 잡은 학교의 전교생이 4명이라고 했다. 이 중 섬 아이는 3명이고, 한 명은 바깥에서 온 선생님의 자녀라고 했다. 50년 전에는 150명이었다는데…. 학생이 적어도 학교는 학교다. 그곳에서 배운 어린이가 21세기 대한민국을 이끄는 큰 사람이 될 수 있다.

봉화산에서 봉화가 올랐다. 외적이 쳐들어왔다고 알리는 봉화가 아니라 봄이 왔다고 알리는 봉화다. 그 봉화에서 바람과 바다안개(해무^{海霧})를 이겨내고 날아오르는 파랑새를 보았다.

5
동남풍 봄바람이 참성단으로 불었다

난생 처음 참성단을 직접 보았다

　동남풍이 세게 불었다. 진달래와 개나리의 꽃눈을 활짝 피우는 봄바람이었다. 골짜기 곳곳에 남아 몽니 부리던 잔동(殘冬)이 다음 겨울에 보자며 화들짝 놀라 달아났다. 함허동천을 지나 마니산에 오르는 암릉은 봄맞이 길이었고, 활짝 열린 참성단은 봄맞이 제단이었다. 섬 여행은 늘 그렇게, 뜻하지 않은 기쁨으로 다가왔다.
　"어서 오시게!"
　가슴 쿵쾅거리는 설렘을 가득 안고 처음 오른 참성단에서 문득 말이 들렸다. 부드럽고 묵직한 목소리였다.
　"안녕하세요~"라고 대답하며 주위를 둘러보았다. 눈에 띄는 사람은 함께 오른 황경숙 화가뿐이었다. 황 화가도 그 목소리를 들었는지 의아한 눈으로 나를 바라보았다.
　"자네들이 오기를 기다리고 있었네. 그동안 두세 번 왔을 때 짙은 안개로 나를 감춘 것은 자네들의 참을성을 시험해보기로 한 것이네. 오늘 이렇게 활짝 열었으니 맘껏 보고 느껴 시와 그림으로 나를 많이 알려주게…."

그제야 목소리의 주인공이 누구인지 짐작이 갔다. 함허동천에서 마이산 암릉 바람길을 지나 중간쯤 올랐을 때, 함허동천 입구에서 비슷한 시간에 출발했던 아저씨가 되돌아오면서 건넨 말이 떠올랐다.

"이제 다 왔습니다. 오늘 참성단 문을 열어놓았더군요…."
"참성단을 개방했다고요?"

나도 모르게 소리가 커졌다. "고맙다"고 인사하고 발걸음을 재촉했다.

〈황경숙 취재메모〉
마니산 함허동천계곡에서 참성단까지의 암벽길은 한 줄기 바람을 안고 통천문을 지나 가파른 벼랑길이다. 서해 먼바다를 바라보며 천지신명께 자기 몸을 내놓는 위태로운 길이나 선명한 바다 경관은 날씨 복을 받았다. 굴곡 많은 바윗길은 수행 삼아 올라서고 균형 잡고 내려오고, 저절로 자연에 화합하게 만든다. 개방된 참성단 앞에 서서 정화수 한 모금에 호연지기를 담고 겸허하게 감사기도를 올린다. 기대치 않게 섬에서의 산행은 여정 중 필수다. 풀지 못한 물음을 곱씹으며 오르락내리락 하다 보면 아하! 어렴풋한 실마리가 잡히고, 미소짓는 바위도 만나고, 마음 탁 트이는 정경이 구비구비에서 보여진다. 여행 그림은 자연히 풍경 너머 의경意境이 함께 한다.

황경숙, 〈강화도 마니산참성단〉, 캔버스에 유채, 90.9×65.1cm, 2024

'강화 참성단 개방안내. 매일 10:00~16:00.
※개방 요일 및 시간은 사정상 변경될 수 있음'

두근거렸다. 문득, 오늘 굴업도와 볼음도 가는 뱃길을 막고 마니산에 오르게 한 것은 그분의 뜻이란 생각이 들었다. 설레는 가슴을 누르며 참성단 안으로 들어갔다. 마니산에 오른 지 네 번만에 얻은 행운이었다. 해돋이를 보고자 새벽에 올랐을 때마다 짙은 해무海霧와 거센 바람에 벌벌 떨었던 것은 오늘을 위한 담금질이었다. 해마다 10월3일, 개천절에 하늘에 제사 지내는 곳, 전국체전 때마다 성화의 불꽃을 받는 곳, 말로만 듣고 사진으로만 봤던 참성단을 직접 육안肉眼으로 보았다.

"이 높은 바위 정상에 우물이 다 있네."

처음 보는 참성단 모습을 눈과 가슴과 카메라에 담던 황 화가가 탄성을 질렀다. 가까이 가보니 돌로 쌓은 참성단 오른쪽 성벽 아래에 우물이 있다. 안전을 위해 뚜껑을 덮어놓아 물이 있는지 확인할 수 없었지만, 뚜껑이 있는 것으로 보아 물이 있음에 틀림없었다. 우물 오른쪽 성벽 바위틈에 커다란 나무가 솟아 있다. 설명문에 "참성단 소사나무는 아름다운 비율로 참성단의 장관을 만드는 천연기념물 502호"라고 적혔다. 참으로 자연의 생명력을 새삼 깨달았다. 단군 할아버지가 이 높은 곳에 제단을 쌓고 하늘에 제사를 모신 뜻도 알 수 있었다.

참성단에서 하늘을 보았다

홍찬선

    가는 바가 옳으면 길은 멀어도 가까운 것이다
    좋은 것은 기다리고 기다린 끝에 맛보는 것이다
    농부가 여든여덟 번 허리 굽혀 거둔 정성은
    뜸이 제대로 들어야 밥맛으로 살아나는 것이다

    군말은 굳이 없어도 되는 것이다
    단군이 왜 이 높고 험한 곳에 단을 쌓고 하늘에 제사
지냈는지
    비 바람 구름 뚫고 올라오니 저절로 환해지는 것이다

    삶은 땀 흘린 만큼 소중해지고
    삶은 스스로 낮춰 꾸밈 없이 높아지며
    삶은 살아서 그 뜻이 넓고 깊게 펼쳐진다

    샛바람은 꿈을 안고 불고
    마파람은 바람 타고 뛰며
    하늬바람은 사랑 담아 달리고
    높새바람은 꿈과 바람과 사랑을 비벼 휘몰아친다

    삶은 됨으로 아름답고

정수리는 땀으로 오른다고
처음 본 참성단에서
단군 할아버지가 지그시 끄덕이셨다

함허동천 마이봉 암릉 길은 바람 길

참성단에서 사방을 돌아보니 강화도가 한눈에 보였다. 드넓은 개펄과 바다를 막아 만든 넓은 논밭이 끝없이 이어진 장관이었다. 바로 이 맛을 느끼려 땀을 뻘뻘 흘리며 참성단에 오르는 것이다. 동쪽으로 방금 올라왔던 마이봉 암릉길이 아슬아슬하게 보였다. 암릉은 조마조마한 바람길이었다. 잔뜩 부풀어 오른 꽃망울들을 빨리 터트리려는 듯, 동남풍이 거세게 불었다. 왼쪽은 천 길 벼랑, 오른쪽도 천 길 낭떠러지였다. 후들거리는 두 다리를 달래며 네 발로 한 발 한 발 내디뎠다.

마이봉에서 마니산의 정기를 흠뻑 들여 마시고 함허동천 골짜기로 내려왔다. 가슴으로 올랐던 계단 길을 무릎으로 내려갔다. 한참 내려가자 봄을 알리는 시냇물 소리가 들렸다. 수북이 쌓인 나뭇잎에 쌓여 물이 보이지 않았지만, 물은 여전히 흐르고 있었다. 바위틈으로 흙 속으로 바람결에 몸을 숨겨 끊임없이 흐른다.

말로만 듣던 함허동천은 별천지였다. '구름 한 점 없이 맑은 하늘에 잠겨 있는 곳'이라는 뜻의 함허동천. 조선 전기의 승려 기화己和가 이 부근에 정수사精修寺를 중건하고, 사시사철 물길이 끊기지 않는 커다란 너럭바위에 '涵虛洞天'이라고 새긴 뒤부터

함허동천이라 이름을 얻었다. 너럭바위가 그대로 물길이다. 비가 오면 거친 폭포가 되고 가뭄 때는 생명 펼치는 시냇물이 된다. 밖을 탓하지 않고 있는 그대로 받아들이며 흐르는 모습에서 사람이 가야 할 길을 얻을 수 있는 곳이다.

함허동천을 돌아 나오는 길에 멋진 탱자나무를 만났다. 화도면 사기리 이건창李建昌(1852~1898) 생가 건너편에 있는 나무다. 이 탱자나무는 400살이 넘은 어르신으로, 1962년에 천연기념물 79호로 지정됐다. 4월에 하얀 꽃으로 춘심을 사로잡고 가을에는 노란 열매로 추심을 유혹한다. 탱자나무는 따뜻한 지역에서 자라며 강화도가 북방한계선이다. 몽고가 침입했을 때 강화도에서 항전하면서 성 주위에 탱자나무를 많이 심었다. 날카로운 가시로 적병의 접근을 막기 위해서였다. 강화도 갑곶리의 강화전쟁박물관 옆에 서 있는 탱자나무도 400살 어르신으로 천연기념물 78호다. 총과 대포가 일상화되기 전에 탱자나무가 방어전에 많이 활용됐음을 알려주는 역사물이기도 하다.

함허동천 바람 길
홍찬선

끝없이 이어진 물길이다
너럭바위 위를 비단처럼 반짝이며 나는 길이다
겨울 지난 낙엽도 새봄 맞이하는 멧새도 하늘거리는

구름도 진달래 꽃망울 두드리는 해님도
바람이 되어 날고 날아서 나르는 바람길이다

문득 길이 숨었다
수북이 쌓인 나뭇잎에 쌓여
오지 않는 사람을 기다리다
저절로의 모습으로 돌아가 제가 되었다

보이지 않는다고 흐르지 않는 것은 아니다
바위 틈으로 흙속으로 바람결에
몸을 숨겨 끊임없이 흐를 힘을 얻는 것이다

뫼와 물이 아름답게 어울려
사람과 나무와 뭇짐승의 몸과 마음을 깨끗이 씻어주며
구름 한 점 없이 맑은 하늘에 잠겨
온갖 시름 걱정을 내려놓고 삼매경에 빠지는 길이다

길이 살짝 웃었다
이렇게 와 줘서 고맙다고
앞으로도 바르고 튼튼하게 살라고
바람에 바람 실었다

황경숙, 〈강화도 마니산함허동천〉, 캔버스에 유채, 53.0×33.4cm, 2024

북한 보고 먹먹해진 가슴, 바위미소로 풀다

되돌아보니 참성단의 참모습을 본 것은 석모도 해명산海明山에서 만난 미소바위가 알려준 것이었다. 올라갈 때는 헐떡대느라 보지 못했던 바위가 내려올 때 넉넉하게 웃고 있었다. 바위가 어찌 웃을까마는, 옆으로 길게 난 두 틈이 살며시 감은 눈으로 보였고, 가운데 아래 조금 깨져 패인 곳은 영락없는 코였다. 그 넉넉한 미소를 보니 가슴으로 오른 뒤 무릎으로 내려오는 발걸음이 가벼워졌다.

발걸음이 가벼워지자 길잡이 하는 노간주나무가 눈에 들어왔다. 숲속에 한 나무가 유난히 눈에 띄었다. 가까이 가보니 노간주나무였다. 키는 나보다 5배는 더 크고 연세는 300살은 넘어 보였다. 흙을 조금만 헤치면 바로 바위가 나오는 험한 환경에서 이처럼 군목일수群木一樹로 클 수 있다는 게 신비로웠다. 자연은 누가 시키지 않아도 스스로 맡은 역할을, 꾀부리지 않고 해내고 있었다.

석모도 해명산. 고즈넉한 능선 따라 낙가산 보문사까지 이어진 길. 그 끝엔 마애관음보살기도도량. 석모대교로 이어지면서 차량으로만 휙 다녀온 기억이다. 그러나 지금은 해명산 정상까지 등산코스다. 오르고 내리고 너무 빠르지도 느리지도 않게, 적절하고 적당하다. 숨차게 가파르지 않고 참 알맞은 길이다. 석모도 해명산행은 '음~ 적당하고 적절하고 적합하다'로 음미되고 '풀릴 解해'로 명명한다.

해명산 미소바위와 노간주나무를 보면서 교동도 화개산과 망향대에서 바라본 북한의 먹먹함을 달랬다. 바다를 막아 개펄을 옥답沃畓으로 바꾼 고구저수지 너머로 한강과 임진강과 예성강이 하나로 되는 바다가 잔잔하다. 그 바다 건너가 바로 황해도 연백평야이고, 그 앞에 있는 마을이 봉아가미마을이다. 6.25전쟁 전까지 배로 자유롭게 오가던 곳이다. 그때 교동도는 해주와 인천을 오가는 배가 중간에 들르는 곳이었다. 지금은 오갈 수 없는 곳.

 망향단에 설치된 망원경으로 보니 하얀 건물에 빨간 글씨가 보였다. 무슨 내용이냐고, 망향단 앞에서 간식 파는 사람에게 물어보니 '위대한김일성수령만세'라고 했다. 오가는 차는 거의 보이지 않고 자전거 타고 가는 사람이 드문드문 보이는데, 허망한 구호가 나부끼는 현실이 아팠다. 전쟁이 끝나면 곧 돌아갈 것으로 믿은 바다를 건넌 사람들은 교동도 대룡시장에서 한恨을 삭히며 살고 있는데, 무심한 세월로 이미 많은 사람이 고향을 그리다 저세상으로 갔는데….

 강화도와 석모도와 교동도를 다시 돌아본 것은 굴업도와 볼음도 뱃길이 막혀서였다. 한국의 갈라파고스로 불리는 굴업도 가는 배를 예약했는데, 출발하기 하루 전에 기상악화로 취소됐다. 다시 볼음도행 배를 예약했지만, 출발하기 20분 전에 포기했다. "가는 배는 뜨지만 오는 배는 묶일 수 있다"는 강화도 선수선착장 직원의 말을 듣고 발길을 돌렸다.

 섬은 가고 싶다고 언제나 갈 수 있는 곳은 아니다. 바닷길은

황경숙, 〈강화도 사기리 탱자나무꽃〉, 캔버스에 유채, 33.4×24.2cm, 2024

그분이 마음을 열어야 열린다. 만남은 때가 무르익어야 이뤄진다.

교동도 화개산에서
홍찬선

교동도 화개산에 올라보니 보이더라
황해도 연백 사람들이 왜
대룡시장에서 한을 삭히며 살고 있는지
날마다 아침 저녁에 망향단 망원경으로
바다 건너 봉아가미마을을 살펴보는지
화개산 북쪽에 화개정원과 전망대를 만들어
기꺼이 높새바람을 맞고 있는지
교동읍성과 교동향교와 삼도수군통어영과 교동제비집만
둘러봤을 땐 보이지 않던 교동도의 아픔이
화개산에 가슴으로 올라보니 환하게 알겠더라

황경숙, 〈석모도 해명산 미소바위〉, 캔버스에 유채, 53.0×40.9cm, 2024

6
청산도, 비와 함께 느릿느릿 가슴으로 걸었다

청산도는 걸어야 맛난다

 "청산도는 걷기지유."
 완도항 여객선터미널에서 배를 타고 50분 만에 청산도에 내려 처음으로 들른 숙소 청산빌리지 여사장의 첫 말이다. "어디부터 걸어야 하느냐?"고 묻자 연두와 노랑이 어우러진 앞쪽 언덕을 가리킨다. "저기가 가장 많이 찾는 곳이니까유."라고 한다.
 바라보니 평지꽃이 노랗게 만발한 언덕에서 울긋불긋 차려입은 사람들이 추억 남기기에 바쁘다. 평지는 우리가 유채로 알고 있는 꽃의 순 우리말이다. 유채油菜는 일본에서 쓰는 말을 그냥 한글로 표현한 일본어다.
 가는 날이 장날이듯, '청산도 느릿느릿 걷기 축제' 기간이었다. 하지만 사람이 생각보다 적다. "토요일인 어제와 오늘 오전까지는 여행객들로 북적댔지요." 당리마을에서 안내하는 동네 사람의 말이다. 주말에 왔던 사람들이 대부분 돌아간 일요일 오후는

〈황경숙 취재메모〉

청산도, 푸른섬. 조금 느려도 괜찮아… 청산도는 색으로, 쉼표로, 위안으로 다가온다. 섬 가득 연초록빛과 연노랑의 물결, 층층의 슬로길에선 느릿느릿한 황소걸음이 잘 어울린다. 정성들여 다듬어진 만큼 천천히 둘러보게 되는 오래 머물고 싶은 슬로우시티 섬이다. 명불허전, 노란 물결 유명 섬에서 희망의 봄빛과 활력 넘치는 젊음을 느낀다. 섬사람들의 노력으로 섬에 오는 많은 이들이 얻게 되는 위로와 추억이 많이 오래 전해지길 바래본다.

시인과 화가를 위해 전세 낸 모습이었다. 영화 '서편제'와 드라마 '봄의 왈츠'와 '피노키오'와 '여인의 향기'를 촬영했던 당리마을 언덕길을 바람 따라 걷는다. 왼쪽은 사람 사는 집들이 그림처럼 펼쳐있고, 오른쪽은 파도가 '사랑의 하트'를 그리며 밀려드는 바다, '하트개매기'다. 개매기는 갯벌을 막는다는 개막이에서 온 말로, 조수간만의 차를 이용해 맨손으로 바닷고기를 잡는 전통 어법이다. 그 누구든 이곳에 오면 사랑에 빠지지 않을 수 없는 풍광이다.

황경숙, 〈청산도 하트개매기〉, 캔버스에 유채, 90.9×72.7cm, 2024

보슬보슬 내리는 비가 평지밭의 정취를 더욱 짙게 만들었다. 참새가 방앗간을 지나치지 못하듯, 눈에 띈 '서편제 주막'으로 흘러 들어간다. 해물파전에 막걸리를 느긋하게 마신다. 신선이 따로 없다. 시가 술을 타고 술술 풀린다.

하늘도 푸르고 바다도 파랗고 섬도 초록이다. 봄과 여름에만 파란 게 아니라 겨울에도 푸르다. 사시사철 푸르러 파란섬, 청산도 靑山島로 부른다. 아름다운 풍광에 끌려 신선이 사는 신선도라고도 하는 섬이다. 사시사철 걷기 좋은 청산도를 여름 재촉하는 비를 맞으며 가슴으로 걸었다.

청산도는 걷기다
홍찬선

청산도는 섬이다
느린 것도 괜찮다

하늘도 파랗고
바다도 푸르고
뫼도 연두로 물들어
마음도 파랗게 젖는다

봄비가 촉촉이 내리고

평지가 노랑으로 노래하고
목섬과 옹투게의 파도가 하얗게 춤춘다

느긋하게 걸으며
걸어온 길 되돌아보고
가야 할 길 가늠하는 사이

비를 맞으며 걸으니
청산도가 더 맛났다
바람이 잦고 길이 열렸다

청산도 서편제 길
홍찬선

평지가 노랗게 핀 돌담길을 송화가 걸어온다
앞에는 수양아버지 유봉의 발걸음이 가볍고
뒤에는 이복동생 동호가 북을 지고 볼멘 얼굴이다
그 옆에는 소릿재 주막에서 세월네가
눈먼 송화를 눈물 그렁그렁한 눈으로 바라본다

봄비 내리는 길에는 진도아리랑이 나직하게 울려퍼진다

촉촉해진 가슴을 달래려고 여심이 주막으로 발길을
돌린다
참새가 방앗간을 그냥 지나칠 수 없듯이
수양딸의 눈을 멀게 하면서까지 득음(得音)하게 하려 한
판소리의 한을 풀려했던 한이 막걸리 잔에 맺힌다

그래, 가장 한국적인 것이 가장 세계적인 것!
송화의 한은 천년학으로 훨훨 날아올랐다
서울에서 대한민국에서 전 세계에서
청보리가 익어가는 청산도 서편제 길은
송화의 한풀이를 맛보려는 여심으로 가득 찼다

청산도의 숨겨진 보물 찾기, 목섬과 옹투게

　청산도 걷기의 숨겨진 보물을 하나 발견했다. 밀물 때 바닷물이 찰랑이던 곳이 썰물 때 모래섬으로 그대로 드러나는 신흥리해수욕장 근처에서다. 이곳 해수욕장은 여름에 가족들이 많이 찾는 곳이다.
　마침 물이 빠져 해수욕장 안으로 들어가 모래밭을 거닐다 나와 안내표지판을 봤다. 청산도 지도에는 항도로 나오는 곳이, 이곳 표지판에는 목섬이라고 쓰여 있다. 방파제로 연결돼 있어 걸어서 갈 수 있는 조그만 섬이다. 한 바퀴 돌아 나오는 데 2.9km밖에 안된다. 목섬은 오가는 사람이 많지 않아 소나무를 비롯한

황경숙, 〈청산도 서편제길〉, 캔버스에 유채, 45.5×37.9cm, 2024

나무들이 빽빽하다. 한낮에도 어두컴컴할 정도로 원시림을 경험할 수 있다. 나무가 많고 목섬이라고 불러 나무섬(木島)인 줄 알았는데, 섬의 동쪽 끝 모습이 새의 목(새목아지)를 닮았다고 해서 목섬이라고 했다. 목섬을 한자로 표기한 것이 항도項島다. 한자의 폭력과 한글전용의 어처구니없음을 다시금 느꼈다. 새의 목 모습을 한 섬이라서 목섬인데, 목 項항에 섬 島도를 써서 '項島'로 한 뒤 그냥 한글로 '항도'라 써 놓았으니, 항도가 목섬이란 사실을 처음 보는 사람이 어찌 알겠는가.

목섬 숲길을 걸을 때는 바람을 거의 느끼지 못했다. 나무가 빽빽해 비가 오는데도 빗방울이 떨어지지 않았다. 하지만 새목아지에 가까워지자 길은 섬 가장자리로 나 있어 비바람이 거세게 몰아쳤다. 집채보다 큰 파도가 새목아지에 거세게 부딪쳤다. 새목아지 바로 앞까지 갈 수 있는 계단이 있었는데, 그 파도에 휩쓸릴까 두려워 먼발치에서 사진 찍는 것으로 만족했다. 날이 개고 바람이 잔잔할 때 다시 올 것을 생각하며….

숨겨진 보물은 또 있었다. 화랑포花浪浦 길에서 호기심 천국이 펼쳐졌다. 화랑포는 바위에 부딪친 파도가 부서지며 피어오르는 물방울이 꽃처럼 아름다운 포구라는 뜻이다. 황 작가가 뭔가 발견한 듯 말했다. "여기 이런 게 있네…" '1코스 화랑포길' 표지판 아래에 누군가가 '옹투게로 가는 길→'이라고 써놓은 것을 발견한 것이다. 옹투게를 가본 사람이 '그 아름다움을 꼭 봐야 한다'는 뜻으로 써놓은 듯했다. 옹투게가 무슨 뜻인지 검색해 봤지만 걸리는 게 없었다. 일단 가보기로 했다. 역시 좋은 선택이었다. 화랑포의 진면목을 짜릿하게 느낄 수 있었다. 거세게 몰아붙이는 파도를 온몸으로 받아내는 바위 절벽과 절벽을 째고 거친 물살을 다독이는 바위계곡이 만들어 내는 모습은 한 폭의 풍경화와 한 편의 시였다.

청산도는 큰 섬이다. 면적이 33㎢이고 해안선 길이가 42km로 거의 마라톤 풀코스 거리다. 가야 할 곳도 많다. 걸어야 제맛을 아는 청산도지만 차를 갖고 가는 게 좋다. 당리마을, 상서마을 돌담길과 매봉산(385m), 양지리 구들장논, 읍리의 고인돌, 권덕리의 범바위와 말탄바위와 보적산, 지리청송해변과 지리에서 국화리와 진산리로 이어지는 단풍나무길, 장기미해변, 화랑포 둘레길 등을 다 걸으려면 3박4일로도 모자란다. 차를 가져가면 1박2일 일정으로도 이 많은 곳을 거의 둘러볼 수 있다. 명승지에서 명승지로 움직일 때는 차로 이동하고, 명승지에서는 느긋하게 걷는다. 청산도를 짧고 깊게 맛보는 방법이다.

봄을 여름으로 이어주듯 촉촉이 내리는 비를 맞으며 진양조로 걸었다. 청산도가 가슴에 다가왔다. 일요일 오후와 월요일 오전 인데다 비까지 내려 오가는 사람이 적어 시인과 작가만의 세계였다. 평지 내음에 단비를 맞고 예쁜 이삭에 살을 돋우는 청보리와 눈인사했다. 내리는 비를 아랑곳하지 않고, 죽은 사람의 명복과 산 사람의 수복강녕을 비는 석조보살좌상의 느긋한 미소를

황경숙, 〈청산도 목섬(새목아지)〉, 캔버스에 유채, 53.0×45.5cm, 2024

황경숙, 〈청산도 희망의 봄빛〉, 캔버스에 유채, 53.0×45.5cm, 2024

가슴에 담았다.

  농사지을 땅이 모자라 산비탈을 일궈 논으로 만든 구들장논에서 푸른섬 사람들의 의지와 지혜를 배웠다. 모자라는 물을 논이 오랫동안 품을 수 있도록 바닥을 방 구들장처럼 넓적한 돌로 촘촘하게 깔고 진흙을 덮었다. 계단식 다랑이논은 다른 곳에서도 볼 수 있지만 구들장논은 청산도에서만 볼 수 있다.

  잊지 못할 추억을 담았지만 아쉬움이 없는 것은 아니었다. 계속 비가 내려 지리청송해변에서의 아름다운 해넘이와 매봉산에서의 해돋이를 볼 수 없었다. 단풍나무 터널이 자꾸 발길과 눈길을 잡은 단풍나뭇길도 가을에 다시 오라고 유혹했다. 권덕리에서 말탄바위와 범바위를 거쳐 보적산을 오르는 길도 다음을 기약했다. 신선이 즐기는 경치를 한 번에 즐기려는 것은 욕심일 것이다. 두 번 세 번 다시 와서 청산도의 넓고 푸른 맛을 더 깊게 맛봐야겠다.

구들장논의 희망 봄빛
홍찬선

희망이 넘실거린다
산을 일궈 논을 만들고
귀한 물을 가둬 벼를 키우려고
논바닥을 돌로 촘촘이 구들장 놓은

방독논에 희망의 봄빛이 살랑거린다*

상서마을 돌담길에도
양지리 구들장논둑에도
도락리 해송숲 해수욕장에도
나침반도 헷갈리게 하는 범바위에도
진산해변에도 장기미해변에도 매봉산에도

온통 돌뿐인 땅에도 답(畓)이 있었다
물고기만 먹고는 살 수 없어
산에서 내려오는 물을 샛똘로 모아
벼를 키우고 사람을 살린 지혜가 400년이나 살아
느림의 미학으로, 세계중요농업유산으로 빛났다

*방독 : 구들장의 사투리.
 샛똘 : 좁은 물 길

7
한국의 갈라파고스 굴업도에서 코끼리를 만나다

삼세 번만에 간 굴업도 주인은 소사나무

"2152 타세요!" 모르는 번호지만 '혹시나' 해서 받았더니 굴업도민박 사장님의 전화다. 승용차가 마중 나오는 줄 알았다. 목요일이니 여행객이 없어 그럴 줄 여겼다. 배에서 내리니 소형 트럭 너더댓 대가 기다렸다. 짐칸에 사람들이 주섬주섬 올랐다. 열서너 명이 타서 앉을 자리가 없었다. 피난민이 따로 없었다. 서로 다리를 좁히고 발을 내주며 앉으라고 권했다. 자발적 공생이었다. 굴업도에선 이게 법이었다. 한국의 갈라파고스는 손님맞이부터 달랐다.

멋진 해안선을 끼고 돈 트럭은 꾸불꾸불 산길을 넘었다. 굴업도민박집에 도착하니 점심상이 기다렸다. 잡어된장찌개와 양념게장과 새우무침과 까시리튀김과 열무김치와 머위무침과 밭에서 갓 따온 상추에 막걸리를 안주 삼아 밥 한 그릇을 게눈감추듯 해치웠다. 1박2일 동안 엄마 밥상 행복의 시작이었다.

삼세번이었다. 겨울엔 추워 사람이 없다고 해서, 3월엔 비바람이 거세서 포기했던 굴업도행. 세 번째 만에 온 굴업도의 사연이 술술 풀릴 듯한 예감이었다. 민박집 텃밭 둑 뽕나무에 파란 뽕이 다닥다닥 달렸다. 서울에선 까만 오디가 한창인데…. 의아해하는 모습을 보더니 민박집 사장이 "여기 철이 한 달 늦다"고 했다. 과연 찔레꽃과 아까시꽃과 보리수꽃이 만개했다. 칡순도 탐스럽게 돋았다. 침이 저절로 솟았다.

〈황경숙 취재메모〉

이른 아침 해무 자욱한 날. 서해를 마주하고 당당하게 서 있는 용장勇將, 굴업도코끼리바위를 만났다. 민박집여주인에게 '장군바위'를 묻자, '아 코끼리바위요?' 한다. 되돌아온 잠깐이 낯설었다. '음, 그래 보는 이마다 눈썰미가 다르니까 이름도 다르겠지!' 어떤 모양일까 참 궁금했다. 새벽 해무에 묻힌 개머리산에서 만난 사슴은 작은 발자국 소리에 놀라 귀를 쫑긋거리며 먼발치로 도망간다. 경계심너머의 가녀린 사슴보단 묵직한 뒷모습이 보여주는 '무설설무법법' 침묵의 가르침을 받고싶다. 오랜 풍화와 침식에 의해 점차 모습이 달라지는 대만의 여왕바위나 키르키예의 삼장군바위, 백령도의 사자바위, 단편소설 〈큰바위얼굴〉의 모티브가 된 러쉬모어산의 바위 등 여러 바위들이 생각났다. 굴업도 코끼리바위도 그 풍채가 자못 당당하여 나름 이름을 갖게 된 것이리라. 이름이 불리고 그 존재감이 널리 알려진다는 것, 보는 이들에게 무언의 메시지를 전해준다는 것, 평범한 나보다 나은 '물건'이다.

트럭 타고 넘어온 고갯길을 되짚어 목기미 해변으로 갔다. 남쪽과 북쪽에서 밀려온 모래가 쌓이고 쌓여 바다를 나눈 모래언덕. 그곳엔 지금은 없어진 저쪽 동네를 이어주던 전봇대가 모래에 반쯤 잠긴 채 몇 개, 서 있다. 한때 100여 가구가 살 정도로 번성했다는 굴업도의 영화를 전설로만 보여주는 유물이다. 굴업도에서만 볼 수 있는 희귀새, 검은머리물떼새만이 그날을 떠올리는지, 한가한 해변에서 게으른 물고기를 사냥하고 있었다.

모래언덕을 지나 왼쪽으로 비탈을 오르면 연평산이다. 모래언덕이 끝나는 곳부터 소사나무 숲이 펼쳐진다. 바위 위에 흙이 살짝 덮인 열악한 환경이지만, 강화도 마리산 참성단에 있는 소사나무처럼 추위와 건조한 날씨를 이겨내고 살고 있다. 정상 부근에 뿌리를 거의 드러낸 채 쓰러진 소사나무가 생생하게 살아있다. 굴업도의 주인은 소사나무라는 것을 온몸으로 주장하고 있는 듯 보였다.

소사나무 숲을 헤치며 연평산延坪山을 올랐다. 연평산은 산 정상에서 연평도가 보인다고 해서 얻은 이름이란다. 하지만 연평산에선 연평도가 흐릿했다. 날은 맑았지만 짙은 해무海霧의 심술이었다. 아쉬움을 달래며 내려와 해변을 살폈다. 모래언덕 오른쪽 해변에 코끼리바위가 있다는데, 보이지 않았다. 어쩔 수 없이 덕물산德物山으로 향했다. 이곳에 오르면 덕적도가 잘 보인다고 해서 붙은 이름이다. 덕적도의 옛 이름이 덕물도다. 여기서도 덕적도는 해무로 가물가물했다. 다만 굴업도 전경이 한 폭의

황경숙, 〈연평산에서 본 굴업도〉, 캔버스에 유채, 53.0×33.4cm, 2024

풍경화처럼 포근하게 안겼다.

올라갈 때 보지 못했던 넓적한 바위가 눈에 띄었다. 다리를 쉴 겸 자리 잡고 앉았다. 막걸리 한 잔 마시면서 사방을 둘러봤다. 사방팔방이 탁 트였는데, 왼쪽으로는 선단여를 거느리고, 앞으로는 목미기해변을 사열하며, 오른쪽으로는 연평산을 시위시키고, 뒤로는 덕물산이 지킨다. 원정元貞 화가에게 이름을 지어보라 하니 신선대神仙臺란다. 신선이 내려와 바둑 두면서 도끼자루 썩는 줄 모를 곳이란다. 시간도 멈추고 세월도 얼음 되고 바다제비가 저녁거리를 잡느라 날갯짓 바쁜 속에서, 둘이는 느긋하게 신선이 됐다.

굴업도 주인은 쓰러져도 죽지 않는다
홍찬선

    굴업도의 주인은 소사나무입니다
    흙은 적고 바위와 자갈과 모래로 덮인 굴업도 연평산과
덕물산과 느다시뿌리엔
    추위에 떨고 더위에 헐떡이는 바위를 지키려
    소사나무가 얇은 흙껍질에 아슬아슬하게 뿌리내렸습니다

    모진 태풍이 몰아치면 쓰러지더라도 죽지 않습니다
    내가 죽으면 바위가 동상 걸리고 화상 입을 것이기에

오늘도 파도와 뻐꾸기 노래를 벗 삼아 굴업도를 지킵니다

소사나무는 작은 서어나무라는 소서목小西木이라는데
추위에 강하고 척박하고 건조한 곳에서도 잘 자란다는데
뿌리껍질은 피로회복과 종기 다스리는 대과천금大果千金으로 부른다는데

어쩐지 솟아라 솟아에서 소사나무가 된 것 같은데
강화도 마리산 참성단의 천연기념물 502호 소사나무에
굴업도 연평산과 덕물산과 느다시뿌리의 소사나무가
믿을 수 있는 사람으로 응응했다고 들리는데…

굴업도에서 만난 귀인들

여행은 만남이다. 전혀 상상하지 못했던 귀인들을 만나 여행의 즐거움을 더해준다. 덕물산과 개머리산과 느다시뿌리에서 만난 사슴들. 짙은 안개 속에서 풀을 뜯다가 시인과 화가를 만났는데도 조금도 놀라지 않았다. 오히려 두 눈을 크게 뜨고 서서 오라고 눈인사했다. "안녕, 잘 지내지?"라고 인사하자 두 귀를 쫑긋 세우며 듣는 시늉이다. 이 멋진 만남의 순간을 놓치지 않으려고 카메라를 꺼내 들어도 도망가지 않는다. 오히려 까만

눈동자에 굴업도를 담아 만끽하고 가라고 속삭였다.
 이튿날 새벽 5시. 개머리산에서 보는 해돋이가 장관이라는 얘기를 듣고 길을 나섰다. 문을 열고 보니 안개가 자욱했다. 해돋이 보기는 힘든 상황. 그래도 길을 재촉했다. 안개는 순식간에 걷히는 마술을 부리니까.
 큰말 해변에서 바다를 보니 선단여가 없다. 어제 저녁때는 바위 세 개가 바다 한가운데 삼각산처럼 솟아있었는데… 마귀할멈이 외갓도(먼 바다에 떠있는 작은 섬)을 끌고 삼각산을 세우러 가다가 이미 생겼다는 말을 듣고 섬을 패대기쳐서 굴업도 주변의 섬이 생겼고, 선단여는 마귀할멈의 봇도리(똥)였다는 전설이 해무 속에 묻혔다.

 아쉬움을 안고 개머리산을 올랐다. 나무 한 그루도 없이 풀 만 무성한 초원인데 100m 앞도 보이지 않았다. 예전에 소를 방목하던 목장이었던 곳. 이제 은하수를 찾는 백패킹족의 명소다. 밤에는 아직 쌀쌀하고 짙은 해무 속에서도 텐트 20여 개가 아침인사를 건넸다.
 "어제 왔으면 이곳이 왜 개머리산인지 확실히 알 수 있도록 경치가 끝내줬어요. 그 아름다움을 잊을 수 없어 오늘 다시 왔는데, 안개 때문에 볼 수 없어 아쉽네요."
 개머리산을 오르면서 자연스럽게 동행이 된 아줌마들이 안타깝다는 듯 얘기했다. "어디서 오셨냐?"고 물었더니 "서울"이란다. "서울 어디요?" "강남요" "강남 어디요?" 꼬치꼬치 물으니 이상하게 쳐다보더니 웃으면서 "대치동이요" 한다. 정말 우연의 일치다. 굴업도에 와서 한동네 사람을 만나다니… 좋은 인연을 기념해서 최근 출간된 제18시집 『생명과 사랑-꽃과 나무와 숲과 시』를 선물로 주었다.

돌아오는 길에 큰말해변을 느릿느릿 걸었다. 해변가에서 처음보는 풀이 몇 개 보였다. 카페 주인에게 물어보니 잘 모르겠단다. 굴업도에서 태어나 초등학교까지 다니다 결혼하고 돌아와 굴업도민박을 하는 최 사장은 굴업도 박사다. 숨비기와 통보리사초와 갯메꽃이란 대답이 술술 나왔다.

굴업도 꽃사슴
홍찬선

　　소문은 사실이었다
　　굴업도에 야생 꽃사슴이 산다는 말은.
　　전설이 아니라 역사였다
　　연평산에서 사슴똥만 봐서 아쉬웠는데
　　덕물산으로 오르는데 숲에서 펄쩍 뛰어오르는 애들이 있었다

　　그네들도 놀라고 나도 놀랐다가 다시 보니
　　꽃사슴 가족이었다

엄마는 애기 데리고 먼저 뛰고
아빠는 안전거리 유지하며 귀를 벌렁거린다
안녕 네 이름은 뭐니?
말이 통할 리는 없지만, 쫑긋 세운 귀로
잘 구경하고 건강하게 돌아가라고 말했다

그래, 반가워. 가족들과 행복하게 보내. 또 봐…
사슴 가족이 그말을 개머리산과 느다시뿌리에 사는
벗들에게 전해주었나 보다
다음날 안개속에서 만난 사슴들이 정답게 인사했다
토끼똥 닮은 사슴 똥에서 사랑의 향기가 풍겼다
개미도 그 향기에 젖어 내 몸으로 올랐다
가정의달 굴업도에 가족의 행복 꽃이 피었다

굴업도의 명물 느다시뿌리와 코끼리바위

  이제 남은 곳은 느다시뿌리와 코끼리바위다. 굴업도민박 뒷길로 옛날에 덕적초등학교 굴업분교가 있었던 곳으로 난 길을 따라 올라간다. 굴업분교는 최사장이 다닐 때는 학생이 30명이나 됐다는데, 터를 지나 통신안테나가 있는 고개까지 올랐다. 북쪽으로 방향을 잡고 내리막을 20분 정도 가면 마주치는 절벽이 느다시뿌리다. 느다시는 (저녁 햇살이) 길게 늘어지는 모습이며 뿌리는 땅에서 툭 튀어나온 곳이란 뜻이다. 최 사장은

황경숙, 〈굴업도 코끼리〉, 캔버스에 유채, 53.0×72.7cm, 2024

"개머리산 쪽을 느다시뿌리라고 잘 못 일러졌는데, 안테나 뒤쪽이 느다시뿌리이며 이곳의 해넘이가 명품"이라고 했다. 사람은 갈 수 없고, 오로지 눈과 귀와 가슴으로만 다다를 수 있는 곳. 마치 해무 속에 신선이 감춰둔 듯한 그곳에 이름 모를 바다새 한 쌍이 둥지 틀었다.

코끼리바위를 다시 찾으러 나섰다. 최 사장에게 정확한 위치를 확인했다. 목미기해변 북쪽이 썰물이어서 길이 열렸다. 그곳으로 가로질러 가니 해안 절벽 앞에 거대한 코끼리가 우뚝 서 있었다. 코끼리라기보다는 맘모스에 가까웠다. 어제 연평산에 오를 때, 보지 못한 것은 물이 들어와 밑부분이 잠겼기 때문이었다. 코끼리바위에 가서 자연의 신비와 시간의 흐름에 탄성 지으려면 물때를 잘 맞춰야 했다.

굴업도를 떠날 때가 되니 배가 걱정이었다. 아침 먹을 때, 최 사장이 "해무가 짙어 배가 뜨지 않을 수도 있다"고 했다. "배가 없으면 어떻게 하냐?"고 했더니, "하루 더 묵든가 어선을 전 세내면 된다"고 했다. 어선은 사람 수에 따라 다른데, 1인당 5만 원 정도이고, 하루 더 묵으면 내일부터 기상은 더 나쁘다는 예보가 있다고 했다. 두 가지 대안이 다 맘에 들지 않았다. 배가 뜰 것으로 믿고 다녔는데, 11시 반쯤 방송이 나왔다. "기상이 좋아져서 당초 시간보다 40분 늦게 배가 뜬다"는 것이었다. 세 번 만에 온 굴업도는 한국의 갈라파고스답게 황홀한 경험을 안겼지만, 돌아올 때까지 애를 태웠다.

굴업도 느다시뿌리
홍찬선

사람은 갈 수 없고
오로지 눈과 귀와 가슴으로만 다다를 수 있는 곳
마치 해무 속에 신선이 감춰둔 듯한 그곳에
이름 모를 바닷새 한 쌍이 둥지 틀었다

무서운 건 오직 바람이었다
잔잔한 날엔 송골매도 그다지 무섭지 않아도
바람이 바람에 흩날리는 게 아쉬워 발을 굴렀다

발이 후들거려 가슴마저 벌렁대는 곳
저녁햇살이 길게 늘어지게 땅에서 툭 튀어나온 곳
느다시뿌리의 해넘이가 명품이라는데
일정에 매인 도인^{都人}은 바다안개의 심술로 그 맛을 몰랐다

굴업도 선단여
홍찬선

아름다운 것은 아픈 사연을 갖고 있다는데

눈으로만 기억하기엔 아쉬움이 남아
귀와 가슴과 머리에 길게 남기라고 전설을 엮는다는데

굴업도 남쪽 백아도에 노부부와 남매가 행복하게 살고 있었는데
노부부가 갑자기 죽자 외딴 섬에 살던 마귀할멈이 여동생을 납치했고
오빠가 낚시하다가 풍랑으로 그 섬에 닿아 예쁜 처녀를 만났는데
둘은 보자마자 사랑에 빠졌고 선녀가 내려와 둘이 남매라고 알려주었는데
남매는 믿지 않고 결혼하겠다고 우겼는데
하늘이 벼락을 내려 남매와 마귀할멈을 죽여 바다에 던졌는데
바위 세 개가 솟아오빠바위 누이바위 할미바위가 됐다는데

선녀는 슬피 울면서 남매의 명복을 빌었는데
선녀의 울음에 바다도 따라 울면서 안개를 뿜었는데
아름답게 솟은 선단여는 안개에 휩싸여 보이지 않을 때가 많다는데

황경숙, 〈굴업도 선단여〉, 캔버스에 유채, 53.0×33.4cm, 2024

8

쪽빛 바다와 기암괴석 10경, 홍도의 매력에 반했다

마음먹는 데 62년 걸린 홍도, 8시간반에 도착

알람이 울렸다. 새벽 1시다. 벌떡 일어나 짐을 챙겼다. 목포항에서 아침 7시 50분에 출발하는 홍도행 쾌속선 '뉴골드스타'에 타려고 2시에 출발했다. 아직 캄캄한 밤이지만 고속도로에는 차들이 제법 많았다. 잠드는 대신 저마다의 꿈을 찾아 달리는 사람들이었다. 4시 반이 넘자 동쪽 하늘이 발갛게 달아오르기 시작했다. 하지夏至 며칠 뒤라 해가 일찍 떴다. 드디어 배에 올랐다. 막내아들과 9년 전에 함께 했던 흑산도 뱃길, 이번엔 황경숙 화가와 홍도로 향했다. 장맛비 예보가 있었지만, 물결은 장판처럼 잔잔했다.

목포항을 떠난 지 1시간 지나서 닿은 도초도都草島에서 사람이 내리고 탄 뒤, 흑산도까지 또 1시간은 망망대해다. 정약전丁若銓(1758~1816)이 흑산도로 유배갈 때, 극심한 배멀미에 시달리며 이레나 걸렸다는 험한 뱃길은 이제 2시간이면 날아간다. 섬으로 둘러싸인 내해처럼 망망대해에서도 배는 조용히 달렸다. 시인과 화가의 홍도행을 환영하는 듯했다. 갯벌 닮았던 물이 점점 파랗게

황경숙, 〈홍도의 저녁〉, 캔버스에 유채, 72.7×53.0cm, 2024

멍이 든다. 문득, 문득 보이는 여(바다에 튀어나온 바위)를 빼곤 그저 파란 바다다. 오래 여행하는 철새들을 생각해서 여를 만든, 바다의 마음을 생각하는 사이 흑산도를 지난 배는 홍도를 향해 거침없이 물살을 헤쳤다.

두근두근… 오랜만의 설렘이었다. 흑산도를 떠난 지 15분쯤. 오른쪽 창문 너머로 섬이 인사하기 시작했다. 홍도였다. 9년 전 흑산도 상라象羅 전망대에서 아쉬운 눈으로만 봤던 홍도! 맘만

〈황경숙 취재메모〉
홍도는 노을빛에 물든 섬 빛, 적갈색 기암절벽에 붙여진 이름이란다. 한낮에 도착해 보니 섬안의 빛은 천연기념물홍도가 원산지인 원추리꽃, 노랑주황색으로 빛날 준비를 하고 있었다. '원추리꽃축제'를 1주일 앞둔 시기였다. 홍도원추리꽃은 노란빛이 더 많다. 노랑은 햇빛의 색이고 주황은 풍요로움의 상징이다. 남서쪽의 긴 햇살을 담아 기다림의 마음 꽃을 소담하게 피운 것이리라. 해안절벽으로 둘레는 낭떠러지라 걸을 길이 없고, 바다 위를 걸을 수는 또 없으니 작은섬 두 마을을 이어주는 10여분의 뱃길이 못내 아쉽고 다행스럽다. 해녀촌에서 이른 저녁 후 오른 전망대에서 낙조를 보고 불빛 돋는 마을을 보았다. 하지 지난 해넘이는 넓고 붉고 따뜻한 서해 하늘과 바다가 선물한 멋진 작품이었다.

먹으면 금방인데, 마음먹는데 예순두 해나 걸렸다. 서울에서 8시간 반이면 도착하는 가까운 곳인데….

"홍도에 도착하면 점심 먹고 12시반에 유람선을 타시면 됩니다."

우연히 '뉴골드스타' 뒷자리에 앉은 홍도 뉴아일랜드호텔 김○○ 사장이 말했다.

"깃대봉과 홍도등대를 봐야 하는데요."

"아 그래요? 그럼 유람선은 내일 아침에 타고, 그쪽부터 다녀오세요."

"왕복 몇 시간 정도 걸리나요?"

"4시간 정도요."

김 사장이 말을 하며 황경숙 화가를 바라보았다. 뭔가 걱정하는 얼굴이었다. 황 화가는 그 모습을 보지 못했다. 애써 무시하고 깃대봉을 향해 길을 나섰다. 깃대봉 정상은 해발 365m. 무더위지만 그다지 걱정하지 않았다. 노랗게 피기 시작한 홍도원추리가 '맞다'는 듯 고개를 끄덕였다. 기분 좋은 추임새였다.

겉으로는 비슷해 보여도 속은 늘 달랐다. 그 속이 궁금했을까, 홍도紅島도 고개를 길게 빼고 맞이했다. 면적 6.63㎢, 해안선 길이 19.7km로 누에 모습을 한 홍도, 섬 전체가 천연기념물이다. 그만큼 보고 듣고 느끼고 보호해야 할 곳이 많은 곳이다. 그래도 사는 게 만만하지 않아 많은 사람이 떠났다. 이제 300여 명만 남아 이어가고 있는 홍도 이야기에 본격 뛰어들었다.

깃대봉은 고치봉이라고도 부른다. 깃대봉 허리를 돌아가며 만들어 놓은 데크길을 걸으며 청옥처럼 파랗게 빛나는 홍도 바다를 바라볼 때까지만 해도 발걸음은 가벼웠다. 콧노래를 부르며 셔터를 누르는 순간, 문득 고려청자공들이 나타났다. 그들은 이곳 홍도 바닷물을 보고 비취색 고려청자를 빚었을 것이다.

쪽빛 홍도 바다를 보며
홍찬선

쪽빛으로 반짝거리는 홍도 바다를 보며
비취색 청자를 빚어낸 고려사람들을 생각합니다

보면 볼수록 빨려들어갈 듯하고
바라보면 바라볼수록 풍덩 뛰어들고 싶어지는
비취옥翡翠玉보다 더 곱고 짙은 쪽빛 바다에서
이 세상 그 무엇보다도 아름다운 청자를 그려내고

쪽빛 바닷물을 먹고 쪽빛으로 자란
전복 해삼 소라 광어 불볼락…을 벗 삼아
빗물에 기댄 삶의 무게를 거뜬히 이겨내고
멋진 자연을 더 아름다운 인공으로 바꾸는 신이 되려고

고려청자공들은 거친 물결을 헤치고

눈과 가슴에 품은 고운 쪽빛을 청자에 불어넣었습니다

시 한 편 주운 뒤, 화력발전소와 담수화 설비를 지나면서부터 사정이 달라졌다. 경사가 급한 비탈길이 시작되며 땀이 장맛비처럼 쏟아졌다. 숨이 거칠어지고 발걸음이 느려졌다. 겨우 스무 걸음 옮기고 쉬고, 열 걸음 오른 뒤 또 쉬고… 깃대봉까지 2.3km를 1시간이면 간다는데, 1시간을 걸었는데도 겨우 절반 정도인 제2전망대에 도착했다. 250여 명이 사는 홍도1구 마을과, 학생 6명으로 겨우 폐교 위기를 넘긴 흑산초등학교 홍도분교와, 홍도에서 걸어서 갈 수 있는 유일한 바닷가인 몽돌해변을 한눈에 바라볼 수 있는 멋진 곳이다.

잠깐 눈을 즐겁게 하니 더는 못 가겠다고 투덜대던 두 발이 선뜻 발걸음을 내디뎠다. 마침 이곳부터는 가파른 오르막길 대신 동백 후박 구실잣밤 황칠 등 사계절 푸른 상록수 사이로 느긋한 길이 이어졌다. 다른 나무의 뿌리와 가지가 서로 하나가 된 연리지가 많아 '연인의 길'로 불리는 아름다운 길이다. 휘파람새의 환영가를 들으며 조금 가니 '숨골재'라는 안내판이 있다. 옛날에 한 주민이 절구공이로 쓸 나무를 베다가 실수로 그 나무를 이곳 구멍에 빠뜨렸다. 다음 날 바다에서 고기를 잡는데 어제 빠뜨린 그 나무가 있었다. 그 구멍은 바다로 통해, 여름에는 시원한 바람이 겨울에는 따뜻한 바람이 숨을 쉬는 것이었다.
'정말 그랬을까…'라고 생각하며 한참 걸었다. 드디어 깃대봉

황경숙, 〈홍도의 아름다운 등대〉, 캔버스에 유채, 53.0×40.0cm, 2024

정상에 올랐다. 2시간 만이었다. 동쪽으로 흑산도가 보이고 동남쪽으로는 태도(상, 중, 하 태도)가 인사하고 서남쪽으로는 가거도가 아스라이 보였다. 서쪽과 북쪽은 망망대해, 그 너머에 차이나支那가 있다. 역시 정상에 오르는 것은 이런 맛을 만끽할 수 있어서다.

왕복 4시간이라는데 편도만 3시간 반이 걸렸다. 되돌아가려니 아득하다. 김 사장에게 전화했다. 홍도2구에서 홍도1구로 가는 배를 알아봐달라고 했다. 5만 원이라고 했다. 배를 예약하고 홍도등대로 향하는데 배 타러 오라고 전화가 울렸다. 등대는 내일 유람선 타며 보기로 하고 아쉬움을 접었다.

홍도 깃대봉에 올라
홍찬선

깃대봉에 오른다
홍도2구에 있는 아름다운 등대를 보려면
깃대봉을 지나야 한다는 말을 듣고
땀을 소나기처럼 흘리며
가슴과 두 발로 앙버티며 오른다

깃대봉에 오른다
동백과 후박과 황칠과 구실잣밤의 그늘에 기대

박새와 꾀꼬리와 휘파람새의 응원가를 듣고
머루와 머위와 명이와 원추리와 이야기를 나누며
청옥보다 더 파란 쪽빛바다를 바라보며 오른다

깃대봉에 오른다
거미줄에 갇힌 모기와 파리를 풀어주고
뿌리와 줄기가 서로 하나 된 연인의 길을 따라
흑산도와 가거도를 한눈에 내려다보며
황해로 부는 바람에 바람을 실으며 오른다

깃대봉에서 내려온다
끝에서 머물 수 있는 것은 없다는 것을 깨달으며
저 아래 홍도2구에서 기다리는 등대를 맞으러
올라올 때보다 더 가파른 비탈길을 내려온다
되돌아 올라갈 것을 걱정하며 살금살금 내려온다

홍도의 숨은 아픔과 감탄한 홍도10경

홍도에도 아픔이 있었다. 7, 8분 타고 뱃삯 5만원 낸 것을 달래려고 오른 제1전망대(해넘이전망대)에서 알지 못했던 아픔을 보았다. 1977년 8월, 홍도해수욕장에서 평택태광고 2학년 이민교 최승민 학생과 천안농고 3학년 이명우 홍건표 학생이 납북됐다. 대한민국은 그 학생들을 잊지 않으려고 '고교생 납북자

송환기념비'를 세워놓았다. 발갛게 넘어가는 해를 가슴에 안는 바로 그곳에…

그 아픔을 달래고자 해녀촌을 찾았다. 홍도 부둣가에 만들어진 포장마차 거리다. 11번에서 물질해 따온 전복과 해삼과 소라와 멍게 한 접시를 막걸리와 함께 마셨다. 노곤해진 몸과 마음을 다잡고 해돋이 전망대를 올랐다. 다음 날 새벽 솟아오르는 해를 맞이하는 곳을 확인하기 위해서였다. 내려오는 길에 '미르바위'를 만났다. 오랜 세월, 바위에 이끼가 자라서 만든 모습이 미르(용龍)처럼 보였다.

해넘이 전망대에서 황홀한 해넘이를 보고 숙소로 돌아왔다. 새벽 1시부터 움직인 터에 내일 새벽 해돋이를 보려고 일찍 잠자리에 들려고 했다. 그때 전화가 부르르 떨었다. 벗이었다. 그 벗 덕분에 홍도에서 별을 보았다.

새벽 4시. 홍도의 아침은 고기잡이 배의 조용한 진수로 시작됐다. 톡 툭 툭 톡 툭 톡 톡…

잠든 물고기를 조용히 깨우려는 듯, 배 엔진 소리가 우아했다. 부지런한 길냥이도 배를 배웅했다. 돌아올 때 물고기 한 마리 던져주기를 바라는 눈길이었다. 방파제에 오르니 오월의 반달이 반갑게 인사했다. 한 손으로는 흑산도를, 다른 손으로는 상, 중, 하, 태도를 가리켰다.

4시 반. 첫해를 만나러 동백숲을 올랐다. 당산을 지나 양삼봉 일출전망대까지, 어제 확인했던 길이다. 낮에도 어두울 정도로 빽빽한 동백나무 향기를 맡으며 걸었다.

발갛게 물들었다. 깃대봉과 흑산도 사이의 산과 바다가 벌겋게 타올랐다. 그저 감탄할 뿐, 시를 줍는다는 건 그저 의무였다.

이제 홍도의 마지막 하이라이트, 유람선 관광이다. 홍도는 기암괴석으로 이루어져 홍도1구와 2구를 빼고는 걸어서 가기가 불가능하다. 유일한 등산로는 홍도1구와 2구를 잇는 깃대봉이다. 설레는 마음으로 유람선에 올랐다.

애국가 영상에 자주 등장하는 남문바위부터 가야금 소리가 들리는 실금리동굴을 지나 서쪽의 거북바위 만물상바위 부부탑 석화굴 독립문바위 탑섬을 돌아서 동쪽의 슬픈여와 공작새바위까지, 홍도10경에 넋이 빠진 동안 1시간 반이 쏜살같이 흘렀다. 얼을 빼놓은 것은 10경만이 아니었다. 10경은 사람이 이름을 붙였을 뿐이고, 모든 기암괴석이 저마다의 아름다움을 뽐냈다. 그 아름다움은 말과 글로는 표현할 수 없고, 직접 눈과 귀와 가슴으로 봐야 맛을 제대로 느낄 수 있다. 어제 아쉬움을 달랬던 홍동등대가 하얗게 손을 흔들어주었다.

홍도 제1경 남문바위
홍찬선

남문을 여세요

무더위 날리고 만선의 노래 불러요

눈과 귀를 크게 뜨고
가슴을 활짝 여세요
홍도가 왜 붉은 섬인지
남문바위에서 느껴보세요

관세음보살 성모마리아에게
비손하고 해탈을 얻으세요

멀기만 했던 홍도가
손끝에 잡혀 가깝게 다가옵니다

홍도원추리의 기다리는 마음
홍찬선

저 멀리 서해바다 끝 홍도는
7월을 짙은 노란색으로 물들입니다

뭍으로 떠난 그님을 기다리던
깊은 그리움을 더 이상 참지 못하고

짙노란 꽃망울로 피워냅니다

기다리는 마음을 밝게 보라고
검푸른 나무 가운데서도 잃지 말라고
발간 바위비탈에 짙노랗게 피어
무더위에 지지 말고 뜨겁게 살라고
날마다 행복을 불러모습니다

*홍도원추리의 꽃말은 기다리는 마음이다.

황경숙, 〈홍도의 남문바위〉, 캔버스에 유채, 53.0×33.4cm, 2024

황경숙, 〈홍도의 원추리군락〉, 캔버스에 유채, 53.0×33.4cm, 2024

8
자연과 역사가 어우러진 애증의 섬 대마도

윤동주가 82년 전에 갔던 바닷길을 바라보며 가다

"저희 배는 잠시 뒤 대마도 히타카쓰항에 도착할 예정입니다. 배가 도착한 뒤 일본 검역원의 선상 검역이 있을 예정이니, 승객 여러분께서는 좌석에서 기다려주시면 감사하겠습니다."

안내방송을 듣고 선잠에서 깨어 시계를 보니 9시 55분이었다. 8시 30분에 부산국제여객선터미널을 출발해 잠깐 잠들었는데 벌써 대마도였다. 한 달 전에 목포에서 1시간 50분 걸린 흑산도보다 훨씬 가까웠다. 그래도 외국이라 여권이 필요했고, 출국절차와 입국절차를 밟아야 했다. 가깝고도 먼 대마도의 1박2일 여행은 조금의 어색함과 조금의 설렘으로 시작됐다.

바닷길이다. 윤동주가 4275년에 청운의 꿈을 가득 품고 건너간 뒤, 일제의 어처구니없는 폭력에 저항하다가 서러운 한 줌 재로 돌아오며 끊임없이 눈물 흘렸던 바로 그 뱃길이 바라보인다. 물결은 잔잔한데 팬스타링크 쾌속선이 많이 흔들리는 바닷길이다. 물밖에는 아무것도 보이지 않는 바다와 내가 하나 되는 길이다.

〈황경숙 취재메모〉

별다른 준비 없이 떠난 대마도여행은 해외여행이었다. 절차 하나하나 이국 여행의
긴장감을 뿜어냈다. 가장 가까운 일본 섬의 도착 첫인상은 잘 드는 칼의 느낌처럼
단호하며 작지만 야무진 색조 없는 무채색 감성이다. 도로는 구석구석 잘 연결되어있고
경차들의 왼방향주행은 아찔할 때도 있었지만, 질서와 체계를 보여준다. 건물과 다리는
반듯반듯한 직선으로 간결하고 세련된 멋과 맛이 가득하다. 사람 손이 가닿은 비탈과
바위는 연초록빛 이끼가 끼어 시선에 따라 부드럽게 생명력을 내뿜고 가끔 흩뿌리는
비에 운치가 가득하다. '바람의 언덕'에 올라 홀로 도는 풍력기를 배경 삼아 섬둘레
해안선을 둘러본다. 들락날락 숨은 비경들은 속내를 잘 드러내지 않는다는 일본인의
'혼네本根'를, 차분히 둘러보는 낮은 담장의 마을 길에서는 일본의 '다테마에建前'를
생각해본다. 삼나무숲 음악회가 바쁜 일상의 한국인들이 편안히 쉴 수 있는 쉼과
영성의 울림자리로 한 몫 하길 바래 본다.

4278년 2월에서 4357년 7월로 울퉁불퉁 구불구불 이어지며, 여름비가 촉촉이 눈물 되어 윤동주의 아픔을 달래는 뱃길이다. 어제도 오늘도 내일도 끊임없이 오고 갈 시간이 멈춰서 흐르는 바닷길이다.

윤동주는 1942년 3월, 부산에서 시모노세키下關으로 가는 부관釜關연락선을 탔다. 동경에 있는 릿교立敎대학에 유학하기 위해서였다. 82년 뒤, 시인과 화가는 2024년 7월19일 아침, 그 뱃길에 올랐다. 대마도對馬島 북쪽 섬의 히타카쓰比田勝항에서 내리며 남은 윤동주 뱃길은 나중을 기약했다.

대마도에서 우리를 맞이한 건 'TOKISEKI'였다. '토키세키'는 7년 전, 히타카쓰에 와서 정착한 고광룡-윤일선 부부가 하는 식당이다. 토키는 토끼兎, 세키는 관關으로 윤일선 사장이 직접 지었다. 3가지 뜻을 담고 있다고 했다. 이곳이 대마도의 관문이라는 게 첫째고, 토끼가 새끼를 키우는 것처럼 보살피는 게 둘째고, 하루 세 끼를 이곳에서 먹는다는 게 셋째다. 윤 사장이 1963년생 토끼띠이고, 대마도는 부산과 시모노세키下關의 중간쯤 있으며 히타카쓰항은 대마도의 첫 항구라는 것을 감안해서 지었다. 한글인 듯 일본어인 듯 어울리는 이름이다.

대마도에 첫발을 내린 기념으로 생맥주 한 잔씩을 시켰다. '도리아에즈 나마비루 이빠이!' 도리아에즈는 먼저, 우선이라는 뜻이고 나마비루는 생맥주, 이빠이는 한잔이다. 일본인들이 식사하거나 술 마시기 전에 먼저 생맥주 한 잔 시키면서 습관처럼 하는 말이다. 1992년 일본에 처음 갔을 때 그 말을 듣고 도리

황경숙, 〈대마도 수변건물의 반영〉, 캔버스에 유채, 53.0×45.5cm, 2024

아에즈가 OB나 아사히 같은 맥주 브랜드인줄 알았던 기억이
새로웠다.

히타카쓰의 토끼
홍찬선

TOKISEKI라고 쓰인 식당 이름이
영어인지 일본어인지 한글인지를 놓고 옥신각신하자
윤일선 사장이 한마디로 설왕설래를 정리했다

이곳은 대마도의 관문인 SEKI關이며
TOKI(토끼)가 새끼를 정성들여 보살피는 것처럼
하루 세끼를 맛있게 제공하는 집이라고
자기가 직접 지었다고 활짝 웃었다

한국이 일본보다 훨씬 가까운
대마도 북섬의 중심 히타카쓰比田勝에서
대마도의 구석구석을 제대로 알려주려고

낚시와 면세쇼핑에 곁들여
대마도에 남겨진 슬픈 역사를 소개하고
대마도의 숨겨진 자연의 아름다움을 들려주려고

칠 년 전 이곳에 정착한 사연을 술술 풀어놓았다

부실했던 아침을 이른 점심으로 보충하고 길을 나섰다. 1박2일이라지만 13시간만에 가봐야 할 곳이 많았다. 차에 오르니 비가 쏟아졌다. 섬 여행에서 비는 으레 있는 일, 대마도를 한눈에 내려다볼 수 있다는 에보시다케鳥帽子岳전망대로 향했다. 가는 길 양쪽에 삼나무와 편백나무 숲이 쭉쭉빵빵으로 서서 우리를 환영했다. 군데군데 멧돼지를 잡으려는 함정과 토종꿀을 채취하는 벌통이 보였다.

1시간쯤 달렸을까, 왼쪽에 와타즈미和多都美신사가 보였다. 이곳은 바다신 도요타마히메노 미코토(여신)과 히코호호데미노 미코토(남신)의 부부신을 모시는 신사다. 이곳은 사유지인데, 한국 사람은 출입금지다. 우리가 탄 차도 이곳에서 정차하거나 하차하지 못한 채 그냥 지나쳤다. 굽은 길 언덕을 오르자 경찰차가 지켜보고 있었다. 일부의 돌출행동으로 출입할 수 없게 된 것이 안타까웠다. 조금 더 가서 에보시다케전망대로 진입하려는 데 통행금지 표지판이 보였다. "도로가 침하된 구간을 보강하는 공사로 차량과 도보 진입을 통제한다"는 것이었다. 가는 날이 장날이었지만 어쩔 수 없었다.

선조 손녀 무덤에서 잊은 말

아쉬움을 달래며 서북쪽으로 달렸다. 비는 멎었고 구름

사이로 언뜻언뜻 햇살이 비쳤다. 내리막길에서 차를 세우니 멀리 계단밭이 펼쳐졌다. 오우미靑海라고 불리는 동네다. 산이 90% 이상이어서 논과 밭이 부족한 대마도에서는 산비탈을 계단식으로 개간해 밭을 만들었다. 이곳에 메밀을 심었다. 7월에는 왼쪽으로 보이는 바다와 초록색 메밀밭이 초록동색草綠同色으로 어울렸다. 메밀꽃이 하얗게 피기 시작하는 8월 말부터는 하얀 메밀꽃이 바다와 해변과 조그만 어촌 마을이 어우러져 한 폭의 수채화로 펼쳐진다. 일본에서 1969년에 첫선을 보인 뒤 2019년까지 50회에 걸쳐 상연됐던 영화 〈남자는 괴로워〉 제27작 '나니와를 사랑한 엔지로'를 찍은 곳으로도 유명하다고 했다.

'역시 대마도는 비가 자주 오는 여름보다는 단풍과 메밀꽃이 아름다운 가을에 오는 게 좋겠다'는 생각을 하며 발길을 돌렸다. 북쪽으로 10분쯤 달리고 다다른 곳에서 눈을 믿을 수 없었다. 안내판에 '조선왕비묘'라고 적혀있었다. 우나쓰라女連에 있는 사나데佐奈豊공원 입구였다.

"조선 왕비묘라니?"

"조선 무슨 왕의 비가 이곳에 묻혀 있단 말인가?"

일행이 눈을 동그랗게 뜨고 신음처럼 물었다. 안내하는 고광룡 사장은 빙그레 웃기만 했다. '조선왕비묘' 앞에 가서야 그 까닭을 알았다. 자세히 읽어보니 조선왕비묘가 아니라 '조선왕희묘朝鮮王姬墓'였다. 일행 모두 姬희를 妃비로 읽은 것이다. 그래도 사연은 슬펐다.

"풍신수길豊臣秀吉이 일으킨 임진.정유왜란 때 어느 무장武將이

황경숙, 〈대마도 조선왕녀의 묘〉, 캔버스에 유채, 53.0×45.5cm, 2024

조선국 왕녀를 끌고 왔다. 그 뒤 왕녀는 모국이 보이게 묻어달라 부탁하고 별세했다. 묘석 정면에 〈李昖王姬이연왕희〉, 오른쪽에 '慶長十八甲寅年경장십팔갑인년'이라 쓰여 있다. 조선 14대 임금 선조의 옹주묘로 1613년에 건립됐음을 알 수 있다."

여기에 나오는 무장은 가등청정加藤清正이고, 〈이연왕희〉는 선조의 맏아들 임해군의 장녀다. 그녀는 전쟁이 끝난 뒤에도 조선에 돌아가지 못하고, 여기에 묻혔다. 대마도 남섬의 반쇼인萬松院에 있는 '덕혜옹주 결혼봉축기념비'와 함께 아픈 역사를 안고 있는 곳이다. 고종의 딸 덕혜옹주德惠翁主(1912~1989)는 강제로 대마도 번주藩主 소다케유키宗武志와 결혼했다가 광복 후 이혼당한 뒤 1962년 귀국했다. 이곳 이름 우나쓰라女連는 '끌려온 여자'라는 뜻이다. 〈이연왕희〉는 조선왕조실록 등에는 아무런 기록도 없다. 선조의 손녀는 그렇게 할아버지와 조선에 버림받은 채 왜에서 쓸쓸히 죽었다. 아버지와 할아버지와 조선에서 버림받고 비명非命에 죽은 딸은 '李昖王姬이연왕희'라는 비명碑銘으로만 비명悲鳴을 지르고 있었다.

선조의 손녀가 잠든 대마도
홍찬선

뒷날 선조가 된 이연李昖의 큰아들 임해군에게는 딸과 아들 남매가 있었습니다

임진왜란이 일어나고 선조가 의주로 몽진을 떠났을 때
함경도로 피난 간 임해군은 왜군의 포로가 되어 남매와 함께 왜로 끌려갔습니다
전쟁이 끝나고 임해군은 조선으로 돌아왔지만, 아들 일연은 가토기요마사加藤淸正의 양자가 되고 딸은 가토의 부하인 도가와미치야스戶川達安의 양딸로 보내졌습니다
일연은 승려가 되어 왜 불교의 최고인 성인까지 올랐지만, 누나는 도가와의 첩실로 살다가 서른도 되지 않아 한 많은 삶을 마쳤습니다
이름까지 잃은 딸은 여전히 가미아가타마치上縣町 우나쓰라女連의 사나데佐奈豊공원 언덕에서 하염없이 바다 건너 거제도를 바라봅니다
아버지와 할아버지와 조선에서 버림받고 비명非命에 죽은 딸은 '이연왕희'라는 비명碑銘으로만 비명悲鳴을 지릅니다
역사의 아픔은 아직도 대마도를 짙게 감싸고 있습니다

바람이 불었다. 그냥 바람이 아니라 대한해협을 가로질러 대한의 얼을 담아 몰아치는 바람이었다. 억수처럼 소나기를 쏟아붓던 먹구름도 잠깐 저쪽으로 날려버린 바람이었다. 문득 서쪽 하늘에서 햇살이 쏟아졌다. 바다가 반짝반짝 윤슬로 받았다. 저 바다 건너가 부산이고 거제도라는데, 구름이 더 걷히고 햇살이 더 나도록 바람이 더 세게 불기를 기다렸다. 하지만 바람은 거기까지였다. 다시 구름이 몰려오고 햇살은 구름 속에 숨었다.

황경숙, 〈대마도 미우다해변 개장날〉, 캔버스에 유채,
72.7×60.6cm, 2024

황경숙, 〈대마도 바람의 언덕에 웃음소리가 날리다〉, 캔버스에 유채,
72.7×60.6cm, 2024

사슴 한 마리가 머리를 불쑥 내밀었다. 사람이 자주 찾지 않는 센뵤마키야마千俵蒔山에서 한가롭게 풀을 뜯다 갑자기 나타난 일행을 보고 놀란 듯했다. 그 사슴은 보초였을까. 여기저기서 사슴이 후다닥 뛰더니 다섯 마리가 무리 지어 껑충껑충 달아났다. 가을에 억새가 아름답고, 맑은 날 저녁엔 노을과 해넘이가 환상이라는 바람의 언덕은 이름에 걸맞게 거대한 풍력발전기를 힘차게 돌렸다.

이튿날 새벽 4시 반. 해돋이를 보기 위해 일어났다. 하늘엔 먹구름이 가득했고 비가 오락가락했다. 해 뜨는 모습은 볼 수 없겠지만 노을은 볼 수 있을 것이라고 다독이며, 미우다해변三宇田浜으로 나갔다. 하지만 바람만으로 바람을 부를 수는 없었다. 한참을 발만 동동구르다, 발만 담그고 돌아섰다. 일본 환경성이 지정한 '100대 아름다운 해변'으로 뽑힌 미우다해수욕장의 아름다운 해돋이도 다음으로 넘겼다.

여행은 늘 뜻하지 않은 만남의 기쁨을 안겨준다. 미우다 해변의 아쉬움을 안고 찾은 아지로網代해변이 그랬다. 히타카쓰항에서 걸어서 25분 거리에 있는 이곳에서 아름다운 연흔(Ripples)을 만났다. 연흔漣痕은 지층에 남아있는 파도 모양의 흔적이다. 지구는 자기가 몇 살인지 잊을까 봐, 아지로의 연흔에 나이를 꼬박꼬박 새겼다. 작고 여린 물방울이 바위를 뚫는 것처럼, 잠깐도 쉬지 않고 끊임없이 치근대는 파도를, 아낌없이 주는 엄마 마음으로 받아들였다. 하나 둘 셋 …, 열 온 즈믄 골 잘 … 세다가는 잊고,

세다가는 또 잊는 사이에 연혼이 늘고 나이를 더 먹는다.
 아지로 연혼에서 지구의 나이를 센 뒤 대마도 1박2일 여행의 마지막 일정을 남겼다. '삼나무 숲 상상(想想)콘서트'였다. 시냇물이 흐르고 산새들이 노래하고 바람이 삼나무 숲과 장난치는 마법 같은 숲에서 한여름의 무더위를 말끔히 식혀주는 음악회다. 그룹 '사랑과 평화'에서 키보드를 맡는 이권희 팝피아니스트의 아름다운 무대다. 팝의 아버지로 불리는 비틀즈의 '이매진'으로 시작해 '마이웨이'와 '어메이징 그레이스'와 '장미'가 숲속에 울려 퍼졌다. 바람도 감동했을까. 갑자기 비가 쏟아지는 듯한 으스스한 바람이 연주자와 관객을 긴장시킨 뒤 환한 햇살을 비췄다. 팝의 황제 마이클 잭슨의 '힐 더 월드'로 마무리됐다.
 모든 연주에 앵콜이 없을 수는 없는 법. 고광룡 사장이 관객을 삼나무에 매어놓은 그물침대인 해먹(hammock)에 눕도록 아이디어를 냈다. 앵콜 곡 '유 레이즈 미 업'이 힘있게 흘렀다. 해먹에 누워 하늘 높이 솟은 삼나무의 우듬지 위를 유유히 흘러가는 흰 구름을 바라보았다.
 무릉도원이 따로 없었다. 박제상순국비, 덕혜옹주결혼봉축비, 조선통신사비, 통신사 황윤길 현창비, 최익현선생순국비, 조선통신사 이예 공적비, 조선국역관사사순난비, 백제왕인박사현창비 등 한국 역사와 관련된 유적을 둘러보지 못한 아쉬움은 피아노 선율과 함께 흰 구름에 맺혔다. 다음에 다시 오겠다는 다짐이었다.

황경숙, 〈대마도 미우다해변의 코끼리바위〉, 캔버스에 유채, 53.0×45.5cm, 2024

미우다 해변에서
홍찬선

정성이 조금 부족한 것이었다
내리던 비는 그쳤지만
구름은 끝내 걷히지 않았다

잠깐, 아주 잠깐
혹시나 하는 설렘만 남겨놓았다

우주 셋을 품은 밭이라는 뜻을 가진
미우다(三浦)해변에서 한참 동안 햇님을 기다렸으나
그분은 바람과 아쉬움으로만 남았다

그 바람을 그냥 두고 갈 수 없어
엄마 젖가슴처럼 포근한 모래에 함빡 넘어가
모든 것 다 드러낸 바다에 풍덩 젖었다

마법에 걸린 삼나무 숲
홍찬선

숲이 마법에 걸리자 날씨도 마법으로 통했다
바람으로 구름과 비를 부르던 삼나무 숲에 햇살이 비추고
마이웨이가 어메이징그레이스와 멧새를 타고 오르자
삼나무와 편백나무가 춤을 추었다

때로는 살랑살랑으로
때로는 전력질주로
때로는 소곤소곤으로
끌어내기 어려운 마음을
사르르 녹였다

비틀즈 이매진과
마이클잭슨의 힐 더 월드가 흐른 뒤
그물침대에 몸을 던지자
유 레이즈 미 업이 이불이 되어
1박2일을 꿈속에서 다독거렸다

시와 그림과 산문
그 섬에서 일박이일
아내는 그림을 그리고
남편은 시를 쓰고

제1쇄 인쇄 2024. 8. 30
제1쇄 발행 2024. 9. 5

지은이 황경숙 홍찬선
펴낸이 민윤식
펴낸곳 인문학사

등록번호 제 2023-000035
서울시 종로구 종로19 르메이에르 종로타운 1030호(종로1가)
전화 : 02-742-5218

ISBN 979-11-93485-17-0 (03810)

ⓒ황경숙 홍찬선, 2024
Printed in Seoul, Korea

*잘못 만들어진 책은 본사나 구입하신 서점에서 교환하여드립니다.
*이 책은 저작권법에 의해 보호받는 저작물이므로 저작자와
 출판사의 서면동의 없이는 무단 전재와 무단복제를 금합니다.